Da leitura literária
à produção de textos

Conselho Acadêmico
Ataliba Teixeira de Castilho
Carlos Eduardo Lins da Silva
Carlos Fico
Jaime Cordeiro
José Luiz Fiorin
Tania Regina de Luca

Proibida a reprodução total ou parcial em qualquer mídia
sem a autorização escrita da editora.
Os infratores estão sujeitos às penas da lei.

A Editora não é responsável pelo conteúdo deste livro.
O Autor conhece os fatos narrados, pelos quais é responsável,
assim como se responsabiliza pelos juízos emitidos.

Consulte nosso catálogo completo e últimos lançamentos em **www.editoracontexto.com.br**.

Da leitura literária à produção de textos

ERNANI TERRA

Copyright © 2018 do Autor

Todos os direitos desta edição reservados à
Editora Contexto (Editora Pinsky Ltda.)

Foto de capa
Jaime Pinsky

Montagem de capa e diagramação
Gustavo S. Vilas Boas

Preparação de textos
Lilian Aquino

Revisão
Ana Paula Luccisano

Dados Internacionais de Catalogação na Publicação (CIP)

Terra, Ernani
Da leitura literária à produção de textos / Ernani Terra. –
São Paulo : Contexto, 2025.
160 p.

Bibliografia
ISBN 978-85-520-0062-4

1. Leitura 2. Escrita 3. Língua portuguesa –
Composição e exercícios 4. Gêneros literários I. Título

18-0691	CDD 469.8

Andreia de Almeida CRB-8/7889

Índices para catálogo sistemático:
1. Redação em língua portuguesa : Formas literárias

2025

EDITORA CONTEXTO
Diretor editorial: *Jaime Pinsky*

Rua Dr. José Elias, 520 – Alto da Lapa
05083-030 – São Paulo – SP
PABX: (11) 3832 5838
contato@editoracontexto.com.br
www.editoracontexto.com.br

Sumário

APRESENTAÇÃO 7

LER E ESCREVER: A ESPECIFICIDADE DO TEXTO LITERÁRIO 11

A PRODUÇÃO ESCRITA 35

A CRÔNICA 53

O CONTO 65

A POESIA 83

O ROMANCE 99

TIPOLOGIA TEXTUAL 115

LEITURA E ESCRITA E NOVAS TECNOLOGIAS 133

CONSIDERAÇÕES FINAIS 151

GLOSSÁRIO 155

BIBLIOGRAFIA 157

O AUTOR 159

Apresentação

Falar, ouvir, ler e escrever são habilidades que permitem a socialização por meio da língua. Este livro trata das duas últimas. É destinado principalmente a estudantes dos cursos de Letras e de Pedagogia e a alunos de cursos superiores em que constam do currículo disciplinas como Língua Portuguesa, Práticas de Leitura e Escrita e Redação.

Para alcançar o objetivo proposto, que é fornecer subsídios para a formação de competentes leitores e produtores de texto, parto do princípio de que ler e escrever não devem ser trabalhados separadamente, pois são duas faces de uma mesma moeda. Escreve-se para ser lido e só se lê o que foi escrito, por isso este livro integra leitura e escrita. Procuro, por meio da leitura compreensiva, levar o estudante a identificar os procedimentos estratégicos usados em gêneros literários para aplicá-los na redação de textos próprios. A proposta é aprender a ler para aprender a escrever.

O livro foi escrito de forma a facilitar a leitura e a apreensão dos conteúdos. Como não é um livro para especialistas, mas para estudantes, muitos dos quais ainda não familiarizados com os conceitos dos estudos da linguagem, procurei manter uma escrita clara, sem rodeios e complicações, sem abrir mão do rigor conceitual.

Há uma regra simples, antiga e verdadeira que diz que para escrever bem é preciso ler muito. Mas ler o quê? Quando se quer aprender algo, deve-se procurar o melhor mestre, aquele que tem mais coisas para ensinar. Para a escrita e a leitura, não tenho a menor dúvida em afirmar que o mestre dos mestres é a literatura. Não é por acaso que essa disciplina é chamada de a arte da palavra. Os escritores de obras literárias são aqueles que com mais maestria trabalham a palavra, produzindo textos que sobrevivem ao tempo e se tornam modelos de boa escrita.

Uma das formas de aprender é por imitação. Aprende-se fazer observando como outros fazem. Nesta obra, apresento procedimentos adotados por bons autores literários para que se possa aplicá-los em produções escritas, produzindo textos bem formados. Por outro lado, embora considere a prática essencial para o aperfeiçoamento das habilidades de leitura e escrita, entendo que uma base teórica favorece o aprendizado, por isso exponho de maneira didática conceitos relevantes das teorias da linguagem e do discurso.

Neste livro, quatro são os gêneros literários usados como ponto de partida para a produção de textos diversos: a crônica, o conto, a poesia e o romance. De cada um deles, destaco características a serem transpostas na produção de textos.

Da crônica, indico o fato de ser um gênero que trata de temas atuais com leveza e brevidade. Por meio da leitura de crônicas, aprende-se a produzir textos pessoais. Do conto, destaco a concisão. Um bom texto deve ser objetivo, direto, não deve deixar nada sobrando ou faltando. O conto ensina como fazer isso. Quanto à poesia, ressalto o plano da expressão. Com esse gênero, aprende-se a explorar os recursos da língua que permitem produzir textos originais e criativos.

O romance é o mestre dos mestres, com ele aprende-se a produzir textos mais longos, a instalar várias vozes no texto e organizá-las, a ordenar os fatos temporalmente, a construir personagens, a caracterizar ambientes e muito mais.

A dificuldade que muitas pessoas têm de escrever, na maioria das vezes, não decorre da falta de ideias, mas de como transformá-las num texto que tenha sentido para quem lê. A literatura é a grande mestra que ensina o *como dizer*. Não é por acaso que os grandes escritores são, antes de tudo, leitores literários.

Um livro que se pretenda didático não pode ficar restrito à teoria, por isso ela se faz acompanhar de exemplos que possibilitam observar na prática os conceitos estudados. Em todos os capítulos, a teoria é aplicada no comentário a um texto. Informações objetivas e relevantes são destacadas em forma de boxes.

Todos os capítulos apresentam sugestões de atividades para que o leitor ponha em prática o que aprendeu. Encerrando cada capítulo, a seção "Sugestões de leituras" traz indicações de obras que permitem o aprofundamento do assunto estudado.

O livro está organizado em oito capítulos, além desta "Apresentação" e das "Considerações finais", em que, a título de conclusão, se faz um balanço dos principais conteúdos discutidos. Há ainda um "Glossário", em que se apresentam, em forma de verbetes, termos técnicos utilizados no livro e, por fim, a "Bibliografia".

No capítulo "Ler e escrever: a especificidade do texto literário", discuto as peculiaridades do texto literário, isto é, o que faz com que seja diferente dos demais. Esse capítulo ressalta, principalmente, o conceito de texto e a relação que os textos guardam entre si. O capítulo "A produção escrita" volta-se especificamente para a elaboração da escrita, apresentando os conceitos de linguagem e língua. Chamo especial atenção para o texto escrito e suas especificidades. Os gêneros literários e suas características são tratados nos capítulos "A crônica", "O conto", "A poesia" e "O romance". Em "Tipologia textual", trato dos tipos de texto: o descritivo, o narrativo, o argumentativo e o expositivo. O capítulo "Leitura e escrita e novas tecnologias" é todo dedicado à leitura e à escrita de textos na era digital. Nele, apresento a noção de hipertexto, suas características e orientações sobre textos que circulam por meio de novos suportes, como o e-mail, o WhatsApp e o Messenger.

A gratidão é a maior das virtudes, por isso registro meu agradecimento a todos que, direta ou indiretamente, colaboraram para que este livro se tornasse possível, e um muito obrigado especial a Edleuza Teles, a quem ele é dedicado.

Ler e escrever:
a especificidade do texto literário

A proposta deste livro é: como a leitura de textos literários pode favorecer a produção de textos escritos. As pessoas, ao produzirem textos, seguem um modelo. Mesmo escritores consagrados e que têm seu estilo próprio começaram "imitando" alguém. Parto do pressuposto de que o texto literário é o melhor modelo para a produção de textos, sejam eles quais forem, desde um simples relatório até uma dissertação da esfera acadêmica. Mas, afinal, o que é um texto literário? No que ele se diferencia dos outros tipos de texto?

Na expressão *texto literário*, o substantivo *texto* vem determinado por um adjetivo restritivo, *literário*. A primeira distinção, portanto, reside na formação discursiva em que o texto se insere, a literatura. Antes, porém, de comentar as diferenças entre textos literários e não literários, é preciso ter bem claro o que é um texto.

A NOÇÃO DE TEXTO

A palavra *texto* recobre vários significados. Sua origem remete ao latim *textus*, que se liga ao verbo *tecere*, que significa "fazer tecido", "entrelaçar". Atendo-se à origem da palavra, o texto será visto como o produto, o de tecer, ou seja, como um tecido. A percepção de quem observa um tecido é a de que ele forma um todo que vai além de uma infinidade de fios usados quando é confeccionado. Essa definição apresenta um problema: passa a ideia de que o texto é algo pronto, acabado e que, portanto, o papel do leitor, o destinatário final do texto, é passivo, ou seja, ele recebe um produto sobre o qual não tem poder nenhum. O leitor seria, nesse caso, um mero decodificador de mensagens alheias. Além disso, essa definição não se aplicaria a textos da era digital, os hipertextos, já que esses não se apresentam como acabados; pelo contrário, estão sempre em construção. Os textos literários também se caracterizam pelo inacabamento. A marca deles é a pluralidade de sentidos. São verdadeiras obras abertas, já que leitores diferentes constroem sentidos diferentes para um mesmo texto.

Atualmente, a noção de texto como produto tem sido rejeitada, pois não leva em conta o importante papel do leitor na construção do sentido. O texto não deve ser visto como um produto, mas como um processo, ou seja, como algo que se constrói pela atuação conjunta de autor e leitor/ouvinte. O sentido não está, portanto, no texto em si, mas é construído na interlocução. Isso significa que o texto não se confunde com a materialidade em que ele é apresentado, um livro, um jornal, um cartaz, por exemplo. Esses são apenas suportes para sua veiculação.

CARACTERÍSTICAS DO TEXTO

A primeira característica do texto é o fato de ser um todo organizado capaz de produzir sentido, ou seja, diz algo a alguém de maneira completa. A segunda é ser um objeto de comunicação entre sujeitos.

São exemplos de texto: uma aula, uma fotografia, um quadro, uma história em quadrinhos, uma charge, um filme, uma conversa, uma monografia, um *post* num blog ou rede social, um *curriculum vitae*, um conto, uma crônica, um artigo de jornal ou revista. Como você pode notar, os textos não diferem apenas pelo assunto de que tratam, mas também pela maneira pelas quais se manifestam, o que permite agrupá-los em gêneros textuais. Cada texto é único, tem sua individualidade. Por outro lado, apresenta características comuns. Todo texto que você lê ou escreve pertence a um gênero.

Em sentido amplo, denomina-se *gênero* uma classe de discursos, isto é, de realizações linguísticas. Uma teoria dos gêneros consiste, portanto, numa codificação de práticas discursivas. Novos textos individuais passam a ser produzidos de acordo com uma norma que constitui essa codificação. Nesse sentido, do ponto de vista dos produtores, os gêneros atuam como "modelos" e, para os destinatários, funcionam como horizonte de expectativas. Os gêneros têm caráter cultural e histórico, o que significa que há gêneros de uma cultura que não aparecem necessariamente em outras, e que existem gêneros ligados a uma cultura de um determinado tempo.

Na medida em que circulam entre sujeitos, os textos têm caráter cultural, pois são criações humanas, destinadas a seres humanos e trazem temas de interesse do público a que se destinam. Como são determinados por formações ideológicas específicas, a competência para produzir e entender textos não é apenas de ordem linguística, uma vez que envolve também conhecimentos de mundo, crenças e ideologias. Entre as diversas competências que mobilizamos para ler e produzir textos está a relativa ao gênero. Uma piada, que é um gênero de texto, deve ser entendida como piada e não como algo sério. Para dizer a alguém como se faz um bolo de banana, você mobilizará o conhecimento que tem do gênero receita culinária.

Para Barros (2003: 1), "o texto é considerado hoje tanto como objeto de significação, ou seja, como um 'tecido' organizado e estruturado, quanto como objeto de uma cultura, cujo sentido depende, em suma, do contexto sócio-histórico".

Ao afirmar que o texto é um todo de sentido, destaco que ele apresenta uma unidade temática, isto é, está centrado num mesmo tema do início ao final. Tema é o mesmo que assunto, ou seja, é a resposta para a seguinte pergunta: *De que o texto fala?* E mais: qualquer tema pode ser textualizado. Mesmo em épocas de censura, muitos autores conseguiram falar de temas proibidos, valendo-se de recursos que lhes permitiram "driblar" os censores. A linguagem figurada é uma das formas que se tem para dizer aquilo que não pode ser dito num determinado momento e a literatura, mas não só ela, dá pistas de como fazê-lo.

Evidentemente, não basta que o texto tenha uma unidade temática, que fique, por exemplo, falando de ecologia ou de globalização do começo ao fim. É preciso também que apresente unidade estrutural, ou seja, que haja uma ligação lógica entre suas partes, que devem estar amarradas umas às outras, dando-lhe coesão e coerência. O texto não é um amontoado de frases, de sorte que, para sua produção, procede-se a escolhas como:

a. qual o gênero adequado (monografia, artigo, ensaio, requerimento etc.);

b. qual variedade da língua é adequada relativamente a destinatário, tema, suporte etc. (variedade popular, variedade culta, linguagem técnica etc.);

c. o que se pretende com o texto (convencer, informar, opinar, protestar, divergir etc.).

Isso é fundamental, pois, em função das escolhas que fizer, quem produz o texto fará uso de estratégias que permitirão alcançar os efeitos pretendidos.

Quando afirmei que o texto é um objeto de comunicação entre sujeitos, ressaltei seu caráter dialógico, decorrente da interação verbal. No caso do texto escrito, esse diálogo não se dá em presença do leitor. É preciso, portanto, que o autor construa mentalmente a imagem do destinatário de seu texto, pondo-se no lugar dele, respondendo a perguntas como: *Quem vai ler meu texto? Com que finalidade vai lê-lo? O que ele pretende encontrar no texto? Que conhecimentos prévios tem a respeito do tema?* Essas informações são essenciais para adequar o texto em função do leitor, pois elas permitem escolher não só o que se vai dizer, mas também como dizê-lo, e assim proceder às escolhas para que a função comunicativa do texto seja alcançada.

OS PLANOS DO TEXTO

O texto resulta da interdependência de dois planos que se pressupõem, uma expressão material (palavras, cores, formas etc.) e um conteúdo (o sentido propriamente dito).

O plano do conteúdo é de ordem cognitiva e o plano da expressão é de ordem sensorial e dá materialidade ao texto. É a camada que está na superfície e, por ela, se adentra ao conteúdo. A linguagem pela qual o sentido dos textos se manifesta pode ser verbal (a que tem por base as palavras), não verbal (a que tem por base outros elementos que não sejam palavras, como cores, formas etc.) ou sincrética, a que mescla mais de uma linguagem. Assim, dependendo da linguagem em que se manifesta, há três formas de textos. Se for verbal, tem-se um texto verbal, como um conto (oral ou escrito), um romance, uma carta ou bilhete, um editorial de jornal, um artigo científico. Se o plano da expressão for representado por linguagem não verbal, tem-se um texto não verbal, como uma pintura, um desenho ou uma fotografia. Quando apresentar mais de um tipo de linguagem, tem-se um texto sincrético ou misto, como um filme, uma história em quadrinhos com balões, uma notícia acompanhada de gráfico.

No plano do conteúdo, tem-se o sentido do texto propriamente dito, que é construído numa relação dialógica entre o autor e o destinatário do texto. Nesse processo interativo, o leitor/ouvinte mobiliza uma série de competências que, aliadas a seu conhecimento prévio, possibilitam construir um sentido para o texto, que pode não ser exatamente o mesmo pretendido pelo autor. Você já deve ter observado diversos casos em que o autor de um texto diz a seu leitor: "não foi isso o que eu disse", "você interpretou mal" etc. Mesmo textos que buscam o máximo de objetividade costumam suscitar interpretações diferentes. Nos tribunais, são comuns as discussões que juristas travam a partir de um mesmo texto legal, que, por sua natureza e função, não deveria suscitar interpretações distintas.

Ressalto que a separação entre plano da expressão e plano do conteúdo é meramente didática. Esses dois planos são inseparáveis e se pressupõem. São como os dois lados de uma folha de papel. Todo conteúdo é manifestado por uma expressão, e a expressão é sempre expressão de um conteúdo.

O fato de um texto admitir vários sentidos não significa dizer que qualquer sentido que se atribua a ele seja válido. Em outros termos: os textos podem admitir mais de um sentido, *mas não qualquer sentido*. Como é uma construção do leitor com base no texto, é preciso que o sentido construído seja autorizado pelo texto, isto é, é necessário que, no plano da expressão, haja elementos que autorizem a interpretação dada. Há textos cuja pluralidade de sentidos é grande, como os literários; outros, como os técnicos e científicos, tendem a evitar ao máximo a plurissignificação.

Nos textos literários, o plano da expressão é fundamentalmente verbal, mas diferentemente da maioria dos demais gêneros textuais, o plano da expressão pode não ser apenas expressão, mas também conteúdo. Isso ocorre, sobretudo, com os textos poéticos, em que se exploram recursos da expressão como a sonoridade, por exemplo.

O TEXTO LITERÁRIO: UM TEXTO FIGURATIVO

Os textos podem ser classificados em temáticos ou figurativos. A diferença entre uns e outros está ligada à dominância de temas ou figuras.

Nos textos literários predominam as figuras. Não estou empregando aqui o termo *figuras* no sentido usado pelas gramáticas ou pelos manuais de estilística, as chamadas figuras de estilo ou de retórica (metáfora, metonímia, antítese, hipérbole etc.). Explico a seguir o que chamo de figuras.

Quando se estudam as classes de palavras, aprende-se que substantivos podem ser concretos, quando designam os seres em si, quer tenham existência no mundo real ou apenas na imaginação (*livro, aluno, fada, bruxa* etc.), e abstratos, quando designam estados, ações ou qualidades, tomados como seres (*tristeza, coragem, esperança* etc.). Chamo a atenção para o fato de que a oposição concreto *vs.* abstrato não é exclusiva da classe dos substantivos. Há adjetivos concretos como *verde, escuro, listrado, loiro* e adjetivos abstratos como *arrependido, saudoso, preocupado.* Há verbos concretos como *pular, falar, nadar* e verbos abstratos como *pensar, raciocinar, esquecer.*

As palavras concretas constituem as **figuras** e têm um referente no mundo natural, sua percepção é de ordem sensorial. As palavras abstratas constituem os **temas** e nomeiam conceitos, abstrações; não têm, portanto, um referente no mundo natural e, por serem de ordem cognitiva, não são percebidas sensorialmente. As figuras representam o mundo; os temas o organizam. Os textos acadêmicos são predominantemente temáticos; os literários, predominantemente figurativos. As figuras revestem os temas: uma figura como *ilha* pode estar revestindo temas como solidão, isolamento, refúgio; uma figura como *asas*, o tema da liberdade. Pode-se usar o verde para significar esperança; o preto, para luto; o vermelho, para paixão; o branco, para paz. Atente, porém, que essa relação é convencional. Na nossa cultura, o preto está associado ao luto; em outras, usa-se o branco.

A distinção entre texto figurativo e temático fica nítida quando se lê uma fábula. Esse gênero narrativo apresenta duas partes: a fábula propriamente dita (a narração); e a moralidade, em que há um preceito, uma regra de conduta. Na narração, predominam as palavras concretas: *raposa, uva, parreira, cachos*; na moralidade, palavras abstratas.

O conto "Uma galinha", de Clarice Lispector, narra a história de uma galinha que ia ser morta para servir de almoço para a família num domingo. Quando ia ser apanhada, foge. Começa uma perseguição para capturá-la; mas, no momento em que a pegam, ela bota um ovo. Resultado: a família fica com pena da galinha e decide não matá-la.

Trata-se de um texto figurativo em que se sobressaem figuras como *mãe, maternidade, parturiente, dar à luz, cozinha, rainha da casa*, o que nos obriga a ler o conto não como a história de uma galinha, na medida em que essas figuras recobrem o tema da mulher, vista como procriadora e dona de casa.

Leia agora os trechos a seguir.

> Cercavam-na homens, mulheres e crianças; todos queriam novas dela. Não vinha em traje de domingo; trazia casaquinho branco, uma saia que lhe deixava ver o pé sem meia num chinelo de polimento com enfeites de marroquim de diversas cores.

No seu farto cabelo, crespo e reluzente, puxado sobre a nuca, havia um molho de manjericão e um pedaço de baunilha espetado por um gancho. E toda ela respirava o asseio das brasileiras e um odor sensual de trevos e plantas aromáticas. Irrequieta, saracoteando o atrevido e rijo quadril baiano, respondia para a direita e para a esquerda, pondo à mostra um fio de dentes claros e brilhantes que enriqueciam a sua fisionomia com um realce fascinador.

(Azevedo, [1890]: s.p.)

Esse é um trecho do romance *O cortiço,* de Aluísio Azevedo, em que o narrador descreve a personagem Rita Baiana. Trata-se de texto figurativo, na medida em que nele predominam as palavras concretas, que dão sensorialidade ao texto.

Como se verá no capítulo "Tipologia textual", descrever é fazer o retrato de algo ou de alguém a partir de suas características. Procura-se fazer com que o leitor construa uma imagem mental daquilo que se descreve.

Para descrever Rita Baiana, o narrador se vale de figuras que apelam a sensações visuais (*traje de domingo, casaquinho branco, saia, chinelo, enfeites, cabelo crespo e reluzente, saracoteando, quadril* etc.) e olfativas (*manjericão, baunilha, odor sensual, plantas aromáticas*). O uso dessas figuras tem o condão de transmitir ao leitor a imagem de uma mulher sensual e que exerce fascínio nos outros.

As figuras, além de darem concretude aos textos, exprimem também valores ideológicos. É frequente em jornais e redes sociais um mesmo fato ser chamado de invasão ou ocupação. A escolha de uma figura ou outra revela o posicionamento de quem a empregou. Um jornal que afirma: "Integrantes do MST invadem fazenda no interior de São Paulo" posiciona-se de maneira diferente de outro que diz: "Integrantes do MST ocupam fazenda no interior de São Paulo". No primeiro caso, o jornal se posiciona contrariamente ao fato; o que não acontece no segundo. Invadir é usado para designar um ato criminoso, desrespeito à propriedade privada, ocupação ilegítima de algo que não lhe pertence. Ocupar não tem essa carga semântica, pois é usado para designar o ato de apropriar-se de algo abandonado ou improdutivo.

No texto que segue, as figuras revelam a visão machista do homem na sociedade patriarcal moçambicana.

– Rami, a minha vida era boa. Fazia tudo o que queria. Visitava as mulheres quando me apetecia. Tirava o dinheiro do meu bolso, pagava-as quando mereciam. Agora que têm esses vossos negócios julgam-se senhoras mas não passam de rameiras. Julgam que têm espaço, mas não passam de um buraco. Julgam que têm direito e voz, mas não passam de patos mudos.

– Estamos a ganhar dinheiro para melhorar a vida, Tony.

– Por isso me afrontam, porque têm dinheiro. Por isso me abusam, porque têm negócios. Por isso me faltam ao respeito, porque se sentem senhoras. Mas eu sou um galo, tenho cabeça no alto, eu canto, eu tenho dotes para grandes cantos. Pois saibam que o vosso destino é cacarejar; desovar, chocar, olhar para a terra e esgaravatar para ganhar uma minhoca e farelo de grão. Por mais poder que venham a ter, não passarão de uma raça cacarejante mendigando eternamente o abraço supremo de um galo como eu, para se afirmarem na vida. Vocês são morcegos na noite piando tristezas, e as vossas vozes eternos gemidos.

(Chiziane, 2004: 166-7)

Observe as figuras relativas ao homem: *galo, cabeça no alto, eu canto*, tenho *grandes cantos*. Compare com algumas usadas em referência à mulher: *rameiras, patos mudos, cacarejar, raça cacarejante, morcegos*.

> A figurativização não é exclusividade de textos literários. Na produção dos mais diversos tipos de texto, até mesmo nos temáticos, quem escreve costuma recorrer a figuras, portanto se valha delas sempre que quiser dar um caráter concreto a uma ideia de seu texto.

Leia a seguir fragmento de texto de um artigo científico escrito por Diana Luz Pessoa de Barros, publicado na revista da Associação Brasileira de Linguística (Abralin).

O dialogismo, entendido como o diálogo entre os muitos textos da cultura, que se instala no interior de cada texto e o define, é, em geral, apontado como o princípio que costura o conjunto das investigações de Bakhtin. O texto é o ponto de intersecção de muitos diálogos, cruzamento das vozes oriundas de práticas de linguagem socialmente diversificadas. Embora muitas vezes utilizados como sinônimos, procuramos em nossos estudos distinguir dialogismo e polifonia, reservando o termo dialogismo para o princípio dialógico constitutivo da linguagem e de todo discurso, e empregando a palavra polifonia para caracterizar certo tipo de texto, aquele em que o dialogismo se deixa ver, aquele em que são ouvidas muitas vozes, por oposição aos textos monofônicos que escondem os diálogos que os constituem. Em outras palavras, o diálogo é condição da linguagem e do discurso, mas há textos polifônicos e monofônicos, segundo as estratégias discursivas acionadas. No caso dos textos polifônicos, as vozes se mostram, no dos monofônicos, elas se ocultam sob a aparência de uma única voz. Monofonia e polifonia de um discurso são, dessa forma, efeitos de sentido decorrentes de procedimentos discursivos que se utilizam em textos, por definição, dialógicos.

(Barros, 2015: 58)

Trata-se de texto temático em que a autora desenvolve o tema do dialogismo. A semioticista conceitua dialogismo como princípio organizador da linguagem e distingue dialogismo de polifonia. Para ela, todo texto é dialógico, mas há textos polifônicos, aqueles em que as vozes se mostram, e monofônicos, aqueles em que as vozes se ocultam sob a aparência de uma única voz.

Todo texto apresenta um tema, que pode ou não, estar revestido por figuras. A classificação dos textos como temáticos ou figurativos é feita com base na dominância de temas ou figuras e não na exclusividade de uns ou de outras.

CLAREZA, COESÃO E COERÊNCIA

Para atingir seu propósito comunicativo, quem escreve deve fazer com que seu texto apresente *clareza*, *coesão* e *coerência*. Essas três qualidades têm de estar presentes em todos os textos.

Clareza

Clareza é uma qualidade dos textos em geral, por isso deve ser sempre buscada. Ser claro é se fazer entender. Quem escreve quer ser lido, então, deve-se facilitar a vida do leitor apresentando um texto que seja compreensível. Quando alguém não está compreendendo o que lê, abandona a leitura rapidamente. Alguns procedimentos ajudam a obter clareza, procure observá-los na redação de seus textos.

Evite períodos longos. Uma frase de grande extensão pode obrigar o leitor a lê-la mais de uma vez para compreender o sentido. É comum também o leitor, estando no meio da frase, ter de voltar ao início dela para recuperar alguma informação que já esqueceu, por isso prefira frases curtas, pois são mais fáceis de serem compreendidas. Não tenha receio de usar o ponto.

Prefira a ordem direta à inversa. Em português, os termos da frase costumam se apresentar na seguinte ordem: sujeito → verbo → complementos. Essa é a chamada ordem direta, a ordem natural dos termos da frase. Quando ela é invertida, colocando-se, por exemplo, o complemento no início e o sujeito no final, você obriga o leitor a fazer um esforço desnecessário para entender a mensagem, porque ele vai tentar mentalmente colocar em ordem direta aquilo que você escreveu em ordem inversa. Então, facilidade a vida dele.

Evite ambiguidades. Ambiguidade é duplicidade de sentidos. Se uma frase é ambígua, o leitor certamente ficará em dúvida sobre o que você quis dizer e pode até dar uma interpretação diferente daquela que você pretendia, prejudicando a clareza do texto. Observe esta manchete veiculada pelo site UOL: "**Famílias de jovens mortos na Providência relatam ameaças a ministro**". O leitor pode ficar em dúvida. São as famílias dos jovens mortos que recebem ameaças ou é o ministro que está sendo ameaçado?

A ambiguidade, muitas vezes, ocorre porque uma palavra ou expressão pode se referir a mais de um termo da frase.

Veja este outro exemplo: "É fácil comprar arma roubada no Brasil". Há duas leituras possíveis, porque o termo *no Brasil* pode estar se referindo a *comprar* ou a *roubada*. Para desambiguizar a frase, seria necessário mudar a redação conforme sugestões que apresento: "No Brasil, é fácil comprar arma roubada" ou "É fácil comprar arma que foi roubada no Brasil".

Finalmente, para obter clareza tenha muita atenção com o vocabulário. Evite usar palavras desconhecidas ou que já caíram em desuso. Isso atenta contra a clareza além de revelar afetação de quem escreve.

Coesão

Coesão diz respeito à relação entre elementos de texto que se interligam produzindo sentidos. A falta de coesão interfere na clareza do texto, na medida em que termos ficam soltos, não havendo amarração entre ideias. Coesão é o mesmo que conexão. Para usar uma expressão da informática, ela estabelece *links* entre partes do texto. Na organização do texto, as palavras ganham sentido pelas relações de dependência que estabelecem entre si. Assim, a coesão é responsável pela continuidade do texto, à medida que liga suas partes facilitando sua compreensão pelo leitor.

Os mecanismos que conferem coesão ao texto são vários. Um deles consiste na amarração das ideias por meio de palavras que estabelecem relações lógicas entre segmentos de texto. Tais palavras recebem o nome de elementos de coesão e são representadas por conjunções, que se prestam a conferir relações de sentido de causa, condição, concessão, finalidade etc., preposições (*a, após, até, para* etc.), pronomes, usados para fazer referência a outros elementos do texto, e advérbios.

A coesão não é obtida apenas por meio de recursos gramaticais (conjunções, preposições, pronomes, advérbios). Ela decorre também da substituição de uma palavra por um sinônimo, hiperônimo ou hipônimo. Nesse caso, tem-se o que se denomina coesão lexical, como em: "Apresentou a petição ao juiz, mas o magistrado a indeferiu", a palavra *magistrado* retoma o termo *juiz* da qual é sinônimo.

Como a coesão se efetua por relações de sentido entre partes do texto, em diversos casos, ela se confunde com a coerência. Na verdade, a distinção entre coesão e coerência é, sobretudo, didática, pois nos textos as relações entre ambas são interdependentes. Segundo Irandé Antunes (2005: 177), "a coesão é uma decorrência da própria *continuidade* exigida pelo texto, a qual, por sua vez, é exigência da *unidade* que dá *coerência* ao texto".

Coerência

Não é simples definir coerência. Na seção anterior, ressaltei que ela se confunde com a coesão. Para Othon M. Garcia (1978: 274), "a coerência consiste em ordenar e interligar as ideias de maneira clara e lógica [...]". Como se pode notar, essa definição se confunde com a que apresentei de coesão. Veja ainda que, para esse autor, é impossível obter clareza sem coerência. Isso mostra que há uma relação muito estreita entre clareza, coesão e coerência, uma afetando a outra.

Para Koch e Elias (2009: 194), "a noção de coerência não se aplica, isoladamente, ao texto, nem ao autor, nem ao leitor, mas se estabelece na relação entre esses três elementos". Isso significa que um texto pode ser considerado incoerente para um leitor, ao passo que outro pode não ver nele incoerência alguma.

Em sentido amplo, coerência é ausência de contradição. Dessa forma, um texto será coerente quando não apresentar contradições internas que não sejam justificadas. Num texto argumentativo, por exemplo, a coerência decorre da ligação entre suas partes, introdução, desenvolvimento e conclusão. Se num texto argumentativo apresenta-se na introdução uma tese afirmando ser contrário à obrigatoriedade do voto, no desenvolvimento (a argumentação propriamente dita) devem aparecer argumentos que comprovem essa tese e a conclusão deve decorrer, logicamente, dos argumentos apresentados. Isso é que se denomina coerência interna.

Por coerência externa, diz-se da não contradição do que se expõe no texto com o conhecimento tido por verdadeiro no contexto em que o se texto se inscreve. Nesse sentido, considera-se incoerente um texto que afirma que a Terra é plana ou que o câncer é uma doença incurável.

Uma forma bastante comum de incoerência são as generalizações apressadas, muito comuns hoje nas redes sociais. Elas decorrem do fato de a exceção ser tomada como regra. Se alguém afirma: "É mentira que o fumo é prejudicial à saúde. Meu avô fumava muito desde jovem e morreu aos 96 anos", temos uma generalização apressada, pois a afirmativa é *mentira que o fumo é prejudicial à saúde* é falaciosa, decorrente de uma exceção, de um caso particular (meu avô). O conhecimento científico de que se dispõe hoje em dia comprova que fumar é prejudicial à saúde. Afirmar o contrário é ser incoerente.

Esse tipo de falácia está presente nos discursos preconceituosos e intolerantes. Afirmações como "índio é preguiçoso", "português é burro", "brasileiro não gosta de trabalhar", "carioca é folgado", "brasileiro não sabe falar direito, não sabe gramática", entre tantas outras, são fruto de generalizações apressadas.

A coerência deve estar presente em todos os tipos de texto. A melhor forma de obtê-la consiste em planejar o texto. De posse de um roteiro, sabe-se de onde se deve partir, aonde se pretende chegar e que caminhos percorrer. No entanto, quando se escreve, é comum afastar-se do roteiro; por isso, terminado o texto, ele deve ser obrigatoriamente revisto para detectar não só problemas de coerência, mas também de clareza, de coesão e os de natureza gramatical (grafia, pontuação, concordância etc.).

Nos textos narrativos, embora não seja uma regra fixa, os acontecimentos devem ser expostos na ordem temporal em que ocorreram, isto é, do passado para o presente. As descrições são feitas do ponto de vista de quem observa. Se na narração a preocupação se volta para a temporalidade, na descrição ela recai na espacialidade, portanto, deve-se atentar para a ordem em que o objeto é observado, por exemplo, se de cima para baixo, de dentro para fora, da direita para a esquerda, do perto para o longe etc.

Em textos argumentativos e expositivos, a coerência decorre da ordenação das ideias, o que pressupõe que argumentos e informações mantenham entre si relações lógicas de causa e efeito, de finalidade, de condição etc., estabelecidas por elementos gramaticais denominados conectivos (*porque, já que, para que, se, caso* etc.). Quanto aos textos argumentativos, é recomendável que o argumento mais forte seja apresentado por último.

OS TEXTOS DIALOGAM

Um texto, literário ou não, figurativo ou temático, mantém uma relação com outros que o antecederam e poderá servir de referência para textos que ainda serão produzidos. Embora o texto se caracterize por ser uma unidade de sentido autônoma, ele se insere numa corrente de outros textos com os quais dialoga, explícita ou implicitamente. Diálogo não significa necessariamente concordância. Assim, um texto pode estar se referindo a outro também para estabelecer polêmica com ele.

O trecho a seguir é o início de um texto do jornalista Juca Kfoury e foi publicado no jornal *Folha de S.Paulo*, em 18 de abril de 2013.

> **Não chore, Marin!**
>
> Quem chora somos nós. Chora a nossa pátria, mãe gentil.
>
> Choram Marias e Clarices no solo do Brasil.
>
> E choramos pela miséria a que está reduzido o nosso futebol, sob esta CBF dirigida tal e qual fosse pela dona de um bordel.
>
> (Kfoury, 2013: D3)

O texto de Kfouri faz referência expressa à letra da canção "O bêbado e a equilibrista", de João Bosco e Aldir Blanc, da qual reproduz literalmente dois versos: "Chora a nossa pátria, mãe gentil/Choram Marias e Clarices no solo do Brasil". A figura "dona do bordel" também remete à letra da canção.

No mesmo jornal, em 7 de maio de 2017, o cronista Antonio Prata, num texto denominado "Poesia, atualizações", "atualiza" sete conhecidos poemas de nossa literatura. Leia, a seguir, um trecho de um deles.

> João dava like em Teresa que dava super-like em Raimundo que jogava charme em Maria que dava match com Joaquim que hackeava os nudes da Lili que não dava like em ninguém.
>
> (Prata, 2017)

O texto de Antonio Prata dialoga com o poema "Quadrilha", de Carlos Drummond de Andrade, que parodia. O texto de Drummond começa assim: "João amava Teresa que amava Raimundo".

Dá-se o nome de intertextualidade à referência que um texto faz a outro. Para Fiorin (2011: 30), intertextualidade é entendida como "o processo de incorporação de um texto em outro, seja para reproduzir o sentido incorporado, seja para transformá-lo". Em outra obra (Terra, 2014), destaco que o termo *intertextualidade* foi cunhado por Julia Kristeva, no final da década de 1960, num ensaio sobre a teoria poética de Bakhtin. Para essa autora (1974: 64), "todo texto se constrói como um mosaico de citações, todo texto é absorção e transformação de outro texto". Pode ser explícita quando há citação literal de texto alheio, como no caso do texto de Juca Kfouri que reproduz literalmente os versos da letra da canção "O bêbado e a equilibrista". Embora Kfoury não faça isso, as citações textuais de outrem devem vir assinaladas por alguma marca gráfica, como as aspas ou o recuo no parágrafo.

Em trabalhos acadêmicos, como Trabalho de Conclusão de Curso (TCC), artigos, teses e dissertações, costuma-se usar as aspas (ou outro destaque gráfico, como o itálico) para citações de até três linhas e o recuo, em relação à margem esquerda do texto, para citações com mais de três linhas, lembrando que as citações textuais devem ser devidamente creditadas, indicando o autor e as referências completas da obra em que foi colhida a citação.

As regras para citação em textos acadêmicos costumam sofrer alguma variação de instituição para instituição, por isso é sempre bom estar atento às normas de publicação da instituição ou revista em que se pretende publicar o texto. As instituições costumam seguir as normas da Associação Brasileira de Normas Técnicas (ABNT), que podem ser encontradas em www.abnt.org.br.

Advirto que a utilização de obra alheia, no todo ou em partes, sem que sejam dados os devidos créditos constitui plágio. Além de ser um procedimento antiético, é considerado crime, por violar o direito de propriedade intelectual, estando, portanto, sujeito a sanções legais.

Na intertextualidade implícita, não há referência literal a outro texto, por isso ela não será graficamente assinalada, tampouco haverá a indicação de autoria. Nesse caso, a identificação do texto fonte, também chamado de intertexto, se dá pelo conhecimento de mundo do leitor. O trecho de Antonio Prata é um exemplo de intertextualidade implícita, uma vez que a referência ao poema de Drummond não é direta, o que significa que o leitor só identificará o texto fonte se ele fizer parte de sua memória. No capítulo "O conto", esse assunto será retomado e aprofundado.

Leia a seguir um trecho do romance *O amanuense Belmiro*, de Cyro dos Anjos.

> Percorrendo a Rua Matacavalos, pensei, com saudade, naqueles cavalheiros que andavam de tílburi, jogavam voltarete e tinham sobre o mundo pensamentos sutis.

> Divisei, a um canto, o vulto amável de Sofia e tive dó do Rubião. A meus ouvidos, Mana Rita fazia insinuações (Cale a boca, mana Rita...). Em certo bonde, que me pareceu puxado por burricos, tive a meu lado Dom Casmurro, e lobriguei, numa travessa, dois vultos que deslizavam furtivos à luz escassa dos lampiões: Capitu e Escobar.
>
> (Anjos, 1975: 163)

Nesse trecho, há várias figuras que nos remetem ao mundo das obras de Machado de Assis: *Rua Matacavalos, Sofia, Rubião, Dom Casmurro, Capitu, Escobar*. Evidentemente, o leitor só perceberá a referência ao mundo de Machado de Assis se conhecer a obra desse escritor. Como afirmei, na construção de sentido, não só se mobiliza a competência linguística, mas também a competência enciclopédica, isto é, os conhecimentos de mundo armazenados na memória.

Observe que esse diálogo com o mundo da ficção machadiana produz um efeito de sentido de volta ao passado, que é reforçado por figuras como *tílburi, voltarete, bonde* (puxado por burricos), *lampiões*. O narrador-personagem, um mineiro em visita ao Rio, não vê a Cidade Maravilhosa como ela é no momento em que narra, mas vê um Rio de Janeiro que tinha guardado na memória desde que lera na adolescência os romances de Machado de Assis. O uso da intertextualidade implícita permite contrapor dois mundos: um presente real e um passado que existe apenas na imaginação.

A intertextualidade pode também ocorrer em outras semióticas. No filme *Os intocáveis* (1987), de Brian de Palma, por exemplo, a cena em que um carrinho de bebê desce desgovernado por uma escada é uma alusão explícita a uma cena idêntica que aparece no filme *O encouraçado Potemkin* (1925), do diretor russo Sergei Eisenstein.

Todo texto guarda relações explícitas ou implícitas com outros que o precederam e que fazem parte do conhecimento enciclopédico, portanto a intertextualidade estará presente em textos expositivos, narrativos, argumentativos etc., sejam os mais simples ou os mais complexos. Uma dissertação ou uma tese de doutorado se caracterizam por ser um mosaico de citações (a maioria diretas) usadas para corroborar o ponto de vista daquele que escreve. Nesse caso, as citações alheias constituem o que se chama de argumento de autoridade.

Os artigos de opinião e os editoriais que se leem na imprensa sempre fazem referência a algo que foi dito por outrem, seja para concordar e aderir ao pensamento do outro, seja para dele discordar, apresentando um ponto de vista diferente ou para relativizá-lo. Num julgamento, tanto defesa quanto acusação recorrem a textos de outrem para justificar a tese que defendem e persuadir quem julga a aceitá-la.

> Argumento de autoridade é aquele baseado no prestígio de alguém ou de alguma instituição. Justifica-se uma afirmação com base no que disse alguém confiável e de reconhecido saber no assunto, ou seja, utiliza-se a palavra de uma autoridade no assunto como fiadora de uma afirmação. Por exemplo, "os dados do IBGE abaixo provam o que estamos afirmando"; "esse nosso ponto de vista encontra respaldo em Aristóteles que afirma...".

Até na conversação, num bate-papo informal, nossas falas são construídas a partir de outras. Nas redes sociais, as pessoas sempre se referem a algo que foi postado, seja para manifestar concordância ou discordância. Enfim, não há texto inédito, uma vez que todo dizer está apoiado num já-dito. A respeito disso, vale lembrar as palavras do historiador francês Michel de Certeau quando afirma: "malgrado a ficção da página em branco, sempre escrevemos sobre algo escrito".

As relações intertextuais explícitas são fáceis de perceber porque vêm marcadas no texto, mas o entendimento de um texto exige também que o leitor perceba as relações intertextuais implícitas. A compreensão dos textos de Juca Kfouri, Antonio Prata e Cyro dos Anjos pressupõe que o leitor seja capaz de estabelecer os *links* entre o texto que ele lê com aquele ao qual implicitamente o texto faz referência. Isso significa que, quanto mais se lê, mais aumenta a capacidade de compreender e de produzir textos.

A NOÇÃO DE LITERÁRIO

O adjetivo *literário* relaciona-se ao substantivo literatura. Se não é simples definir texto, já que, dependendo da perspectiva teórica adotada, têm-se definições distintas, definir literatura é ainda mais complexo.

O *Dicionário Houaiss* apresenta nove acepções para essa palavra; o *Dicionário Aurélio*, dez. As que mais se aproximam do sentido que interessa para este livro são:

- uso estético da linguagem escrita; arte literária (*Houaiss*);
- arte de compor ou escrever trabalhos artísticos em prosa ou verso (*Aurélio*);
- qualquer dos usos estéticos da linguagem (*Aurélio*).

Começo pela definição do *Houaiss*. Ela restringe literatura à expressão escrita. Com base nisso, não se pode dizer que há uma literatura oral, o que não é verdade. Dizer que literatura é arte insere outro problema: o que é arte?

A primeira definição do *Aurélio* traz os mesmos problemas da do *Houaiss* (restringir literatura às manifestações escritas e colocá-la como arte). Ambos os dicionários coincidem em afirmar que a literatura implica um uso estético da linguagem. Ressalto que seria mais preciso se o *Aurélio* qualificasse o substantivo *linguagem* por meio do adjetivo *verbal*, na medida em que se podem ter usos estéticos de linguagens não verbais, o que não caracterizaria o texto como literário. Uma pintura é um exemplo disso. O indefinido *qualquer*, na segunda definição do *Aurélio*, tem a vantagem de permitir que a definição se aplique a manifestações as mais variadas possíveis, não se restringindo apenas às em prosa ou verso.

Como os dois dicionários falam em usos estéticos da linguagem, defino, mesmo que em rápidas pinceladas, o que é estética. Segundo o *Dicionário de filosofia*, organizado por Thomas Mautner (2011: 271), estética é o "estudo do que é imediatamente agradável à nossa percepção visual ou auditiva ou à nossa imaginação". Trata-se de uma parte da filosofia que se liga à reflexão sobre o belo e também à arte em geral. A estética está, pois, relacionada à noção de beleza, conceito subjetivo, e às manifestações artísticas. A literatura usa a linguagem verbal com valor estético, por isso se costuma definir literatura como a arte da palavra.

Os conceitos de arte e de belo não são absolutos. Além de variarem de pessoa para pessoa, mudam também de época para época. Certas manifestações que hoje são reconhecidas como artísticas não o foram quando surgiram. Isso permite pensar que algumas obras que atualmente não são consideradas literárias, como os livros de Paulo Coelho, ou os da série *Harry Potter*, podem vir a ser no futuro. Os próprios Parâmetros Curriculares Nacionais (PCN) reconhecem que é difícil para as pessoas aceitarem que certas produções sejam consideradas literatura e outras não: "o conceito de texto literário é discutível. Machado de Assis é literatura, Paulo Coelho não. Por quê? As explicações não fazem sentido para os alunos" (Brasil, 2000: 16).

Quando os dicionários falam em uso estético da linguagem estão destacando o papel do plano da expressão dos textos, isto é, a maneira especial com que a língua é trabalhada, explorando seu aspecto sensível por meio de recursos estilísticos, visando com isso fugir ao comum.

Isso não quer dizer que o conceito de literatura seja pessoal. Por ser um produto cultural, para se dizer se um texto é literário ou não, deve-se levar em conta os valores da cultura em que se vive. É preciso observar ainda que na sociedade

28 Da leitura literária à produção de textos

há instâncias que legitimam se uma obra é ou não literária. Essas instâncias legitimadoras são representadas pela universidade, pela crítica e pela escola. Paralelamente a obras legitimadas socialmente como literárias, circulam outras que, embora não o sejam, exercem importante fator na formação de leitores. Por não pertencerem ao cânone literário, recebem o rótulo de paraliteratura e têm tido grande aceitação por parte do público geral, algumas delas se configurando em verdadeiros *best-sellers*. A saga de Harry Potter, de J. K. Rowling, é um bom exemplo de paraliteratura.

TEXTOS COMENTADOS

Você certamente conhece o poema "A onda", de Manuel Bandeira. Se não, procure-o na internet. Com um repertório muito pequeno de palavras, *onda, anda, aonde, ainda*, que se aproximam fonologicamente (dígrafos vocálicos nasais + a consoante oclusiva linguodental sonora /d/), o poema reproduz o movimento das ondas em seu vai e vem, ou seja, a expressão não está apenas veiculando o conteúdo, ela é por si só também conteúdo.

O trabalho com a camada fônica da expressão não é exclusividade da poesia. Textos em prosa, se bem que em menor grau, também costumam explorar o componente fonológico, como nesse trecho de Guimarães Rosa:

> Boi bem bravo, bate baixo, bota baba, boi berrando... Dança doido, dá de duro, dá de dentro, dá direito... Vai, vem, volta, vem na vara, vai não volta, vai varando...

> (Rosa, 1995a: 212)

O que chama a atenção nesse exemplo não é somente *o que* se diz (o sentido), mas também *o como* se diz (a expressão). No caso, o autor se valeu de um procedimento denominado aliteração, que consiste na repetição ordenada dos mesmos sons consonantais; no caso, os fonemas /b/, /d/ e /v/. Observe que, para destacar ainda mais a repetição dos fonemas, o trecho apresenta três segmentos, cada um deles ressaltando um fonema diferente.

Leia a seguir um poema de Fernando Pessoa e observe o trabalho com o plano da expressão.

Saudade dada

Em horas inda louras, lindas
Clorindas e Belindas, brandas,
Brincam no tempo das berlindas,
As vindas vendo das varandas,
De onde ouvem vir a rir as vindas
Fitam a fio as frias bandas.

Mas em torno à tarde se entorna
A atordoar o ar que arde
Que a eterna tarde já não torna!
E o tom de atoarda todo o alarde
Do adornado ardor transtorna
No ar de torpor da tarda tarde.

E há nevoentos desencantos
Dos encantos dos pensamentos
Nos santos lentos dos recantos
Dos bentos cantos dos conventos...
Prantos de intentos, lentos, tantos
Que encantam os atentos ventos.

(Pessoa, 1972: 134)

Num primeiro contato, o leitor é atraído pelo plano da expressão, pela musicalidade dos versos, que decorre não só do ritmo, mas também do trabalho com o componente fônico, por meio da repetição disseminada por todo o texto de mesmos sons consonantais e vocálicos.

O plano da expressão, que é a porta de entrada para o plano do conteúdo, por si só já é pleno de significação. Os sons que se repetem não são os mesmos em cada uma das estrofes. Na primeira, predomina o fonema oclusivo bilabial sonoro /b/, que remete à claridade, ao brilho do dia ("em horas inda louras"), tempo das brincadeiras infantis ("brincam no tempo das berlindas"). Na segunda, a sonoridade muda, há a predominância da oclusiva linguodental surda /t/, anunciando a mudança do tempo ("a eterna tarde já não torna"). Na última, o predomínio é de dígrafos vocálicos nasais, exprimindo o fechamento sombrio. Esse efeito de sentido de fechamento dado pela repetição de vogais nasais é prolongado pela repetição da sibilante /s/.

E há nevoentos desencantos
Dos encantos dos pensamentos
Nos santos lentos dos recantos
Dos bentos cantos dos conventos...
Prantos de intentos, lentos, tantos
Que encantam os atentos ventos.

Nesse texto de Fernando Pessoa, a sonoridade da expressão é constitutiva do sentido, na medida em que indica o passar o tempo.

É importante estar atento para o fato de que o trabalho com o plano da expressão não é exclusividade de textos literários. Você poderá observá-lo em textos publicitários, ditados populares, *slogans*, letras de canções e até mesmo em textos argumentativos, expositivos e narrativos. Nas propagandas, o apelo à sonoridade do plano da expressão tem função dupla: a primeira é chamar a atenção para a própria mensagem; a segunda é dotar o texto de uma força persuasiva. Afinal, a propaganda se caracteriza por levar o destinatário dela a um *fazer-crer* ou a um *fazer-fazer*. Um texto sonoro, além de chamar a atenção, é mais fácil de reter na memória.

Veja a seguir estes dois exemplos, colhidos no discurso publicitário:

Melhoral, Melhoral. É melhor e não faz mal.
Se é Bayer é bom.

No primeiro, a sonoridade decorre da rima interna (Melhoral rima com mal), da repetição do nome do produto, de mesmos sons consonantais e ainda pelo fato de na palavra Melhoral estar contida a palavra melhor. A mensagem visa levar o destinatário a acreditar que Melhoral é bom (*fazer-crer*) e também que ele tome Melhoral se tiver dor (*fazer-fazer*), pois se trata de um medicamento "que não faz mal".

O segundo prima pela concisão. Uma frase curta e direta em que se explora também o jogo sonoro com a repetição de palavras começadas pelo fonema bilabial sonoro /b/, presentes na marca (Bayer) e na qualidade que se atribui a ela (bom). A conjunção *se* é normalmente usada na linguagem cotidiana para exprimir condição, ou seja, lançar uma hipótese para que um determinado fato se realize ou não. O enunciado, no entanto, não é hipotético, pois exprime uma afirmação certa e precisa em que se subentende: pode confiar na marca Bayer, pois ela é sinônimo de qualidade, ou seja, procura levar o destinatário a um *fazer-crer*, primeira etapa de um *fazer-fazer*; pois, se ele acreditar que Bayer é bom, quando for comprar, será impulsionado a adquirir o produto dessa marca.

Nesses dois exemplos, a forma como as mensagens foram redigidas, explorando recursos do plano da expressão, possibilita ao leitor/ouvinte retê-las na memória com mais facilidade, o que na esfera do discurso em que se inserem (a publicidade) é muito importante, já que costuma sempre haver um lapso temporal entre a audição/leitura da mensagem publicitária e a ação de adquirir o produto por ela veiculado.

Como o texto é um objeto de comunicação entre sujeitos, quem produz tem a intenção de que o destinatário o aceite como verdadeiro, daí que todo texto, em maior ou menor grau, é marcado pela persuasão.

As estratégias de persuasão podem estar concentradas no enunciador, aquele que produz o texto, no enunciatário, aquele para quem se fala, ou no próprio texto, ou seja, na mensagem transmitida. Uma publicidade em que se coloca um dentista falando de creme dental tem sua força argumentativa no enunciador, pois se supõe que um dentista é dotado de autoridade e prestígio social para falar em higiene bucal (o argumento de autoridade já mencionado). Nesse caso, o texto, do ponto de vista linguístico, apresentará as marcas da primeira pessoa (*eu*).

Outra, em que se procura criar uma imagem de que o enunciatário é pessoa de bom gosto e diferenciada, tem sua estratégia persuasiva centrada no enunciatário (*Esse produto é recomendado especialmente a você, que é pessoa de bom gosto; Esta promoção é apenas para clientes especiais como você*). Nesse tipo de texto, do ponto de vista linguístico, predomina a 2ª pessoa do discurso (*tu/você*).

Nos exemplos do Melhoral e da Bayer, a força persuasiva se concentra na própria mensagem. Observe que são textos em 3ª pessoa, não há neles a manifestação linguística de nenhum dos elementos da comunicação, o *eu* e o *tu*, embora, é claro, eles existam. Veja que o apagamento dos parceiros da comunicação (*eu* e *tu*) faz com que centremos nossa atenção na mensagem em si. Não se trata da opinião de alguém e que, portanto, poderia ser refutada, mas de uma verdade que se manifesta por si própria. O efeito de sentido alcançado é semelhante ao dos postulados e axiomas, cuja veracidade não precisa ser demonstrada.

Veja mais um exemplo de força persuasiva da mensagem, citado pelo professor Luiz Antonio Ferreira em seu livro *Leitura e persuasão*.

> *Mappin*, venha correndo, *Mappin*!
> Chegou a hora, *Mappin*!
> É a liquidação. Liquidação do *Mappin*.

32 Da leitura literária à produção de textos

Nesse exemplo, a força persuasiva da mensagem decorre da repetição da palavra *Mappin*, nome de uma loja de departamentos que existia em São Paulo. É interessante notar que, embora a loja não exista mais há muitos anos, a mensagem ainda se encontra retida na memória de muitos daqueles que ouviram a propaganda quando ela foi veiculada.

Que lição pode-se tirar disso? Como todo texto tem por finalidade persuadir o leitor, compete àquele que escreve escolher a estratégia persuasiva mais adequada ao contexto em que ocorre a comunicação, decidindo se a força argumentativa estará centrada em um dos parceiros ou na mensagem. Essa escolha determinará a pessoa gramatical em que o texto será redigido: 1ª (*eu*), se centrada no enunciador; 2ª (*tu/você*), se centrada no enunciatário; 3ª (*ele/ela*), se centrada na própria mensagem.

FECHANDO O CAPÍTULO

Num livro que tem por objetivo desenvolver a capacidade de ler e de produzir textos, é fundamental ter bem claro o que é um texto e como ele se constitui, portanto saiba que:

a. o texto é uma unidade de sentido que estabelece comunicação entre sujeitos;

b. por ser objeto de comunicação entre sujeitos, o texto tem um caráter dialógico;

c. o texto resulta da superposição de dois planos: uma expressão e um conteúdo;

d. os textos podem ser temáticos, quando neles predominam as palavras abstratas, ou figurativos, quando predominam as palavras concretas;

e. os textos se materializam em gêneros diversos (carta, poema, requerimento, editorial, memorando, blog etc.);

f. os textos literários apresentam especificidade na medida em que há, por parte de quem os produz, uma atenção maior com o plano da expressão;

g. clareza, coesão e coerência são qualidades do texto, portanto devem ser buscadas;

h. os recursos presentes nos textos literários podem ser usados em textos não literários, tornando-os mais criativos e dotando-lhes de maior poder de persuasão.

SUGESTÕES DE ATIVIDADES

Neste capítulo, você viu que no texto há um *eu* quem fala, o enunciador, que se dirige a um *tu/você*, chamado de enunciatário. Isso significa que todo texto decorre de um ato de um sujeito que toma a palavra.

Quando se produz um texto, as marcas linguísticas do falante podem estar explicitadas por meio de verbos na 1ª pessoa e pronomes pessoais (*eu, me, minha* etc.). Em outros casos, essas marcas linguísticas podem estar apagadas. Isso ocorre quando se escreve um texto na 3ª pessoa (*ele*). A opção por escrever um texto em 1ª ou 3ª está ligada aos efeitos de sentido que se pretendem produzir. Um texto em 1ª pessoa produz efeitos de sentido de subjetividade; um texto em 3ª pessoa produz efeitos de sentido de objetividade.

Com base nessa informação, realize as seguintes atividades:

1. Selecione um editorial de jornal, impresso ou na internet. Após a sua leitura, diga se está escrito em 1ª ou em 3ª pessoa. Em seguida, explique as razões que teriam levado o editorialista a optar por essa forma de produzir seu texto. Diga também se o editorial é um texto predominantemente temático ou figurativo.

2. Redija uma carta de pequena extensão para ser publicada no jornal que você escolheu, manifestando sua concordância ou discordância, parcial ou no todo, em relação à opinião exposta no editorial. A carta deve ser redigida em 1ª pessoa.

3. Diga se os fragmentos de textos a seguir estão redigidos em 1ª ou em 3ª pessoa e justifique a escolha feita pelo autor.

   a. "São dois os temas básicos que as piadas exploram em relação às línguas: certos aspectos *estruturais* (muitas consoantes juntas, palavras muito longas, dificuldades de aprendizado ou de elocução etc.) e uma suposta uniformidade no domínio do *significante*, de maneira que a mesma sequência de sons teria sempre o mesmo sentido" (Possenti, 2011: 229).

   b. "Quando os europeus aportaram ao Brasil, depararam com um espaço diferente do espaço português: novas árvores, distintos animais, diverso clima, diferente organização da vegetação, outros homens. Iniciaram, então, um processo de construção do espaço a partir de suas categorias. Duas matrizes de configuração espacial existem no imaginário ocidental e ambas deixaram suas marcas na forma de perceber o novo mundo: o paraíso terrestre e o *locus amoenus*. O primeiro tem sua origem no relato bíblico da criação; o segundo constrói-se na tradição literária greco-latina" (Fiorin, 2000: 27).

c. "Alguns anos atrás, depois de ter participado de um congresso organizado pela Associação Internacional de Semiótica, em Viena, fui à Alemanha, a fim de conhecer o campo de concentração de Dachau. Foi justamente no museu do campo que encontrei uma cópia do quadro de classificação dos prisioneiros" (Blikstein, 2014: 149-50).

SUGESTÕES DE LEITURAS

Sobre a noção de texto e sobre temas e figuras:

BARROS, Diana Luz Pessoa de. *Teoria semiótica do texto*. São Paulo: Ática, 2003.
 Livro introdutório e essencial aos estudos do sentido com fundamento na Semiótica do discurso. Com didatismo, objetividade e farta exemplificação, a autora mostra como o sentido dos textos é construído.

DISCINI, Norma. Lição 1: A noção de texto. In: *A comunicação nos textos*: leitura, produção e exercícios. 2. ed. São Paulo: Contexto, 2015, pp. 13-43.

_____. Lição 8: Tematização e figurativização. In: *A comunicação nos textos*: leitura, produção e exercícios. 2. ed. São Paulo: Contexto, 2015, pp. 269-89.
 A comunicação nos textos discute em profundidade questões relativas à leitura e à escrita. O livro é organizado em lições que trazem conceitos fundamentais para análise de textos. Apresenta ainda inúmeras atividades para que se ponham em prática os conceitos teóricos estudados.

TERRA, Ernani. Reflexões sobre a noção de texto. In: *A produção literária e a formação do leitor em tempos de tecnologia digital*. Curitiba: InterSaberes, 2015, pp. 82-136.
 Obra sobre leitura e produção literária que apresenta conceitos fundamentais como os de gênero do discurso, texto, intertextualidade, tipos textuais, entre outros.

Sobre intertextualidade:

BARROS, Diana Luz Pessoa de; FIORIN, José Luiz (Orgs.). *Dialogismo, polifonia, intertextualidade*: em torno de Bakhtin. 2. ed. São Paulo: Edusp, 2003.
 Textos de vários autores constituem essa obra que se organiza em torno de conceitos formulados por Bakhtin. Obra fundamental para o estudo de conceitos como dialogismo, polifonia, intertextualidade, carnavalização.

KOCH, Ingedore G. Villaça; BENTES, Anna Christina; CAVALCANTE, Mônica Magalhães. *Intertextualidade*: diálogos possíveis. São Paulo: Cortez, 2007.
 Livro que trata especificamente da intertextualidade com fundamento na Linguística Textual. Os conceitos são apresentados com clareza e com farta exemplificação.

A produção escrita

Há uma ideia circulante que afirma que basta praticar a escrita para escrever bem. Claro que a exercitação contínua ajuda, mas não é suficiente. Faça uma analogia com o exercício físico. Não há como negar as vantagens de sua prática, no entanto, se for feito sem orientação, os resultados esperados talvez não sejam alcançados e ainda se corre o risco de a prática inadequada trazer alguns problemas.

Para escrever bem é preciso dominar a técnica da produção escrita e isso se aprende. Das quatro habilidades, *falar*, *ouvir*, *ler* e *escrever*, as duas últimas são aprendidas formalmente. A escola é, na maioria dos casos, o lugar onde se aprende a ler e escrever; esse aprendizado, no entanto, não se esgota na escola, prolonga-se por toda a vida.

Outra ideia circulante é que, para desenvolver a habilidade na produção de textos, é necessário ler bastante. Os grandes escritores leem muito. Não nasceram sabendo escrever, aprenderam a escrever, e a leitura exerceu importante papel na aprendizagem. Isso é inegável. Veja o que cientista cognitivo Steven Pinker (2016: 23) diz: "Bons escritores são leitores ávidos. Assimilaram um grande inventário de palavras, expressões idiomáticas, construções, tropo e truques retóricos e, com eles, a sensibilidade para o modo como se combinam ou se repelem". Mas efetivamente o que os escritores aprendem lendo? A resposta implica recuperar algo visto no capítulo anterior: planos do texto, expressão e conteúdo.

Quando se lê, não se toma conhecimento apenas de conteúdos, aumentando o saber relativamente a coisas e pessoas, aprende-se também como expressar melhor esses conteúdos por meio de palavras. Observando os procedimentos que bons autores fizeram da linguagem para dizerem o que dizem, aprende-se com eles como exprimir ideias de modo que os textos consigam transmitir com clareza o que se pretende. Com isso, atingirão a finalidade proposta: comunicar algo e levar o destinatário a aceitar o texto para a finalidade a que o autor se propôs.

Então, ler bons autores é o primeiro passo, mas se a leitura for aliada ao conhecimento sistematizado de aspectos teóricos relativos à produção textual, os resultados podem ser melhores ainda.

O TEXTO ESCRITO

O conceito de texto abarca coisas bem distintas não só relativamente ao que diz, mas também ao *como diz*. Se o texto resulta da superposição de dois planos, a expressão e o conteúdo, pode-se distingui-lo levando em conta esses dois componentes: há textos que diferem de outros pelo conteúdo e há os que se distinguem pela expressão, mesmo que tratem de igual conteúdo. A adaptação de um livro para um filme ou para uma série de TV é um exemplo típico, pois tem-se uma mesma história (conteúdo) apresentada por expressões diferentes, no primeiro, a linguagem verbal; no segundo, a sincrética.

Este livro trata da leitura e da produção de textos verbais, aqueles cujo plano da expressão é manifestado pela linguagem verbal, uma língua natural; no caso, a língua portuguesa usada no Brasil Antes de prosseguir, é preciso deixar claro o que se entende por língua, uma vez que essa é a matéria-prima com a qual você produz seus textos.

LINGUAGEM E LÍNGUA

Dá-se o nome de *linguagem* a todo sistema de sinais convencionais pelos quais as pessoas interagem. Existem inúmeras linguagens: a linguagem dos sinais de trânsito, a linguagem das bandeiras em corridas de automóveis, a linguagem corporal, a língua que você fala etc. De acordo com o sistema de sinais que utiliza, a linguagem é classificada em:

a. **verbal**: aquela que utiliza as palavras como sinais. A palavra *verbal* provém do latim *verbale*, que, por sua vez, provém de *verbu*, que significa *palavra*. Como exemplos, podem-se citar as línguas naturais: português, inglês, espanhol, francês, japonês, árabe etc.

b. **não verbal**: quando tem por base qualquer outro tipo de sinal, como cores, gestos, desenhos, sinais sonoros etc. O conjunto dos sinais de trânsito, utilizados para orientar os motoristas, e os diversos sinais com os quais tomamos contato no nosso dia a dia, como aqueles que indicam acesso a pessoas portadoras de deficiência, banheiro masculino e feminino, proibido fumar, proibido o uso de celular, constituem um tipo de linguagem não verbal.

Há textos que fazem uso simultâneo desses dois tipos de linguagem, como os enviados pela internet em que haja palavras (linguagem verbal) acompanhadas de *emojis* (linguagem não verbal); placas com desenhos acompanhadas de palavras; um gráfico com legendas etc.

Dependendo da linguagem que utilizam, têm-se três tipos de textos:

a. verbais;
b. não verbais;
c. sincréticos.

São exemplos dos primeiros, uma conversa face a face ou por telefone, um poema, escrito ou recitado oralmente, um comunicado, escrito ou falado, um artigo de opinião, uma bula de remédio, um editorial etc. Dos segundos, uma pintura, uma caricatura, uma placa de trânsito etc. São exemplos de textos sincréticos: um filme, uma canção popular, uma história em quadrinhos com balões, um *post* numa rede social acompanhado de uma imagem ou de um vídeo etc. Veja que o que distingue um texto verbal dos demais diz respeito apenas ao plano da expressão. Textos verbais são aqueles que usam *exclusivamente* a linguagem verbal para expressar conteúdos.

Dá-se o nome de *língua* a todo sistema de comunicação que tem por sinal as palavras, portanto língua e linguagem verbal nomeiam a mesma coisa. A língua pode se manifestar na modalidade oral (língua falada) ou na modalidade escrita (língua escrita).

Para efeitos deste livro, atenho-me apenas a textos cujo plano da expressão é a língua escrita. É evidente que a produção de textos falados é muito importante, basta observar que a maioria dos textos que se produzem são falados e não escritos. Mas, como já disse, não é objetivo deste livro tratar da produção de textos falados.

CARACTERÍSTICAS DO TEXTO ESCRITO

Para você entender bem as características do texto escrito, há de se fazer uma comparação com o falado. Na língua falada, a recepção é on-line, isto é, enunciador e enunciatário estão presentes no ato da comunicação, o que facilita a interação. Quando se usa a língua escrita, a recepção ocorre em momento posterior ao da produção. Isso tem como consequência que, ao contrário do que ocorre na língua falada, o enunciador não pode sanar problemas de comunicação no momento em que produz o texto. Por outro lado, na língua falada, conta-se com outros recursos para transmitir sua mensagem, como os gestos, a expressão facial, a mudança no tom de voz etc. Na escrita, esses elementos não estão presentes.

A seguir, apresento algumas modalidades de textos em que se faz uso da língua falada e da língua escrita.

Língua falada	Língua escrita
conversação pessoal espontânea	diversas modalidades de carta (familiar, comercial, aberta)
conversação telefônica	panfletos e volantes distribuídos na rua
entrevistas pessoais	entrevistas em jornais e revistas
consultas médicas	notícias, artigos, editoriais em jornais e revistas
debate	atas e ofícios
noticiários de rádio e TV ao vivo	escrituras públicas
aula	leis e decretos
conferência	receitas médicas e culinárias
discurso	manuais de instrução

Referindo-se às diferenças entre fala e escrita, Steven Pinker (2016: 41) afirma que

> [...] a fala e a escrita diferem em seus mecanismos, é claro, e essa é uma das razões pelas quais as crianças precisam lutar com a escrita: reproduzir os sons da língua com um lápis ou com o teclado requer prática. Mas a fala e a escrita diferem também de outra maneira, o que faz da escrita um desafio para toda uma vida, mesmo depois que seu funcionamento foi dominado. Falar e escrever envolvem tipos diferentes de relacionamentos humanos, e somente o que diz respeito à fala nos chega naturalmente.

Ressalto que essas diferenças entre texto escrito e texto falado não devem ser tomadas como absolutas, já que pode haver atenuações, como num texto falado em uma conferência, onde não é comum interromper aquele que fala, ou num texto escrito via WhatsApp, em que a resposta pode ser quase imediata. Por meio desse aplicativo, os participantes da conversação podem inserir imagens que, de certa forma, substituem as expressões faciais, os *emojis*, ideogramas ou *smileys faces*, representações de carinhas, usados nas comunicações via internet.

O fato de o plano da expressão dos textos verbais ser a língua impõe restrições para a organização do texto, uma vez que a língua dispõe-se unidimensionalmente numa linha horizontal. A língua portuguesa obedece a uma ordem rígida: deve-se escrever da direita para esquerda e de cima para baixo. O plano da expressão do texto verbal é, portanto, marcado pela linearidade, cada palavra ocupa seu lugar na linha; não se pode superpor uma palavra à outra, o que significa que cada palavra seja colocada depois da outra e que cada frase venha depois de outra.

Como no texto escrito não há a presença do enunciatário no momento da produção, o enunciador terá de construir uma imagem mental dele. Lembre-se de que o discurso é dialógico: o *eu* que produz o texto se dirige sempre a um *tu*/*você*. Como no texto escrito não se tem a presença do enunciatário no ato da produção, quem escreve não tem a resposta imediata de que seu texto está sendo compreendido, o que obriga a planejamento. Apresento a primeira regra que você deve observar para produzir um texto escrito.

> Todo texto verbal deve ser planejado não só relativamente ao que se vai dizer, mas também a como se vai dizer. De nada adiantam boas ideias se não se sabe transmiti-las de modo que o outro as compreenda.

Claro que, em muitas circunstâncias, deve-se também planejar um texto falado. Você já deve ter observado isso quando se faz um pedido de emprego, quando se vai dar uma aula expositiva ou fazer uma conferência.

Planejar um texto significa proceder a escolhas dentre as diversas opções que se têm. Essas escolhas dizem respeito aos dois planos do texto: o conteúdo e a expressão. O que se vai dizer é determinado pelas circunstâncias do ato comunicativo, ou seja, o conteúdo do texto é um dado *a priori*, muitas vezes não se tem nem a liberdade na escolha do tema. Nas situações de exames vestibulares, Exame Nacional do Ensino Médio (Enem) e concursos em geral, não é o produtor quem escolhe sobre o que vai falar. O tema é dado e não se pode fugir dele, sob pena de ter o texto anulado.

No Enem de 2017, o tema da redação foi: "Desafios para a formação educacional de surdos no Brasil". Das 4,72 milhões de redações corrigidas, 309.157 tiveram nota zero. A fuga do tema foi o motivo para zerar na prova de redação.

É preciso observar que um mesmo tema terá tratamento diferente dependendo de quem é o destinatário final do texto. Como uma das qualidades de um texto é a de estar adequado à situação comunicativa, o grau de abordagem do tema sofrerá variações em função daquele para quem se escreve, ou seja, um mesmo tema poderá apresentar um tratamento mais profundo ou mais superficial; além disso, tem de se proceder à escolha da variedade da língua adequada, mais monitorada ou mais informal. O tema da justiça, por exemplo, será tratado de maneira menos profunda numa fábula do que num tratado filosófico, ou nas alegações finais de um julgamento num tribunal.

A adequação do texto ao destinatário também implica a escolha entre um texto temático ou figurativo. Para leitores menos experientes, um texto figurativo costuma ser mais adequado, por ser mais concreto; para leitores mais experientes, pode-se valer de um texto temático, já que se pressupõe que esse tipo de leitor tem uma maior capacidade de fazer abstrações e lidar com conceitos. Em suma: escrever um texto é um procedimento estratégico, na medida em que requer um planejamento para a utilização dos recursos de que se dispõe para atingir o objetivo a que se propõe.

A essa altura você poderá estar perguntando: como proceder em situações em que não se sabe quem é o destinatário final, como no caso de exames e concursos? Ou em casos em que o texto não é destinado a um leitor específico, mas a um conjunto de leitores, que estratégia usar?

O texto se caracteriza pelo dialogismo: há sempre um *eu* que fala, que, ao tomar a palavra, constitui um *tu/você* para quem fala. Esses dois elementos da comunicação, gramaticalmente, correspondem às pessoas do discurso: 1ª pessoa, o enunciador, 2ª pessoa, o enunciatário. A 3ª. pessoa (*ele*) não é um participante da comunicação, mas àquilo de que se fala, o assunto ou tema.

Numa carta, num TCC, num relatório de trabalho, tem-se muito clara a imagem do destinatário. Ao escrever, a pessoa vai adequando o texto à imagem que tem do leitor e do tipo de relação que mantém com ele, mais formal ou menos formal, o que determinará a escolha das palavras pelas quais se dirigirá a ele: *tu, senhor, vossa senhoria* etc., e também a variedade da língua a ser usada, culta ou popular. Mas veja: mesmo quando se conhece o destinatário, não é à pessoa física dele a quem se está escrevendo, mas à pessoa construída *no* e *pelo* discurso. Num TCC, seu destinatário não é a Natália da Silva, mãe das gêmeas Jéssica e Lúcia, casada há cinco anos com o engenheiro Cláudio da Silva, mas a professora Natália, que ministra a disciplina Práticas de Leitura e Escrita para a turma do terceiro semestre do curso de Letras da faculdade X. Como você, o enunciador, não é o Fulano de Tal, torcedor do Corinthians, que pratica natação aos fins de semana, que mede 1,78 m e pesa

75 quilos, mas o aluno da professora Natália, ou seja, ao produzir seu texto, você assume um papel, o de aluno da instituição X, esse será o enunciador de seu texto.

Como se pode ver, os parceiros na comunicação escrita não devem ser confundidos com as pessoas empíricas, aquelas que têm CPF e RG. Tanto enunciador quanto enunciatário são construções discursivas, de sorte que, num exame em que você tem de escrever um texto, mas não conhece o destinatário, lembre-se de que sua estratégia consistirá em construir a imagem dele ao tomar a palavra. Em síntese: enunciador, aquele que escreve, e enunciatário, aquele a quem se escreve, são construções discursivas.

Apresento-lhe agora a regra 2.

> Todo texto verbal é produzido por um sujeito que se desdobra em dois: um enunciador, aquele que diz, e um enunciatário, aquele para quem se diz, que correspondem, respectivamente, aos parceiros da comunicação, o destinador e o destinatário do texto. Tanto um quanto outro são construções discursivas, isto é, são criadas *no* e *pelo* texto.

Com relação a textos que não se dirigem a um destinatário específico, mas a um conjunto de leitores, como numa carta aberta, um artigo para ser publicado num jornal, um *post* numa rede social, você deverá construir a imagem mental de seus leitores. Quem são eles? Homens? Mulheres? Qual a faixa etária? Estudantes? Empresários? Aficionados em *games*? Interessados em eventos culturais ou esportivos? Mães com filhos pequenos? Que buscam no veículo em que o texto é publicado? Informação? Conselhos? Dicas? Críticas?

Se você reparar, os textos publicitários são redigidos em função do grupo socioeconômico que pretendem atingir. Não se dirigem a uma pessoa em particular. Mesmo no caso de um texto que anuncia um produto que será adquirido por uma única pessoa, um imóvel, por exemplo, o texto é redigido para um conjunto de leitores, os potenciais compradores do imóvel. Uma publicidade para vender tênis a jovens se configura num texto muito diferente de uma publicidade que pretende vender planos de saúde a pessoas com mais de 50 anos, já que no caso os enunciatários pertencem a grupos diferentes.

A RELAÇÃO ENTRE OS PARCEIROS NA COMUNICAÇÃO

Um erro muito comum nos produtores de texto inexperientes é achar que o texto está muito claro e que tudo o que tinha de ser dito nele foi dito de forma completa a não deixar nenhuma dúvida. Costumam se surpreender quando o leitor afirma que não entendeu o que o texto diz, que não está claro, que parece estar faltando algo. Como isso pode acontecer, se o texto está claríssimo na opinião de quem o escreveu?

Em primeiro lugar, chamo a atenção para o fato de que os parceiros da comunicação são pessoas diferentes e, portanto, com graus de conhecimento diferentes, com crenças, ideologias, interesses e expectativas diferentes. A competência linguística e textual também costuma ser diferente. Palavras que quem escreve acha corriqueiras e que, portanto, todos devem saber o que significam, podem ser totalmente desconhecidas do leitor, por isso, deve-se evitar usar termos técnicos num texto destinado a leitores não familiarizados com a área de conhecimento de que o texto trata. Textos escritos em "juridiquês" ou "economês" são compreensíveis apenas para pessoas dessas áreas do saber. Evite também usar palavras que já caíram em desuso, como *patranha, opróbrio, vitupério*. Prefira, respectivamente, *mentira, vergonha* e *insulto*. Não hesite em deixar claro o sentido de determinados conceitos que está usando no texto. Pode ser que o leitor não saiba exatamente o que significam as palavras *empreendedorismo* ou *empoderamento*, então convém deixar claro para ele o significado. Em outros casos, um conceito sofre variações dependendo do referencial teórico adotado. O conceito de texto, por exemplo, é apresentado de maneira diferente pela Linguística Textual, pela Análise do Discurso e pela Semiótica, por isso é sempre bom deixar clara a perspectiva teórica adotada. Isso pode ser feito por meio de advérbios e locuções adverbiais de enquadramento nocional.

> Advérbios e locuções adverbiais de enquadramento nocional são os que têm a função de limitar o que se enuncia em determinado campo do conhecimento ou ponto de vista, como em:
>
> "*Sintaticamente*, os advérbios desempenham a função de adjunto adverbial."
>
> "*Do ponto de vista estritamente jurídico*, esse contrato é nulo de pleno direito."
>
> "O texto, *semioticamente* falando, resulta da superposição de dois planos."

Na produção de um texto, quem escreve costuma omitir informações que supõe que são de conhecimento do leitor, mas caso esse não conheça o que foi omitido, cria-se um ruído e a comunicação não se efetiva. Em suma: aquilo que para o autor parece ser claro e elementar, para o leitor pode ser obscuro e incompreensível. Além disso, os parceiros na comunicação não têm apenas conhecimentos diferentes, também raciocinam de forma diferente.

Quando a pessoa domina muito bem um tema, costuma apresentar ao mesmo tempo um número muito grande de informações que o leitor não consegue assimilar de uma vez só, então não coloque no texto todas as informações simultaneamente. Faça transições entre uma informação e outra, estabelecendo pausas para o leitor assimilar uma ideia (para isso servem os parágrafos). Isso é necessário porque a capacidade de armazenamento na memória de trabalho é pequena.

A memória de trabalho, também chamada de memória de curto prazo, é aquela que permite armazenar por um curto período aquilo com que a atenção se ocupa no momento. Nesse tipo de memória, não se consegue reter uma quantidade grande de informação de uma vez só.

Os cientistas cognitivistas calculam que é possível guardar na memória de curto prazo no máximo sete blocos de informação (o tamanho de cada bloco pode variar). Quando essa memória é preenchida, temos de esvaziar esses blocos, liberando espaço para armazenar outras informações. Esse tipo de memória se opõe à memória de longo prazo, em que se armazenam muito mais coisas do que aquelas em que se está pensando no momento. Além disso, o que está armazenado na memória de longo prazo permanece ali por muito tempo.

É fácil entender essa diferença fazendo uma analogia com a memória de computadores. Neles, têm-se dois tipos de memória. O *Hard Disk* (HD, o disco rígido), onde é guardada uma grande quantidade de informações que lá permanecem até que sejam deletadas, e a *Random Access Memory* (memória RAM), em que é armazenado aquilo de que se precisa num dado momento para executar uma tarefa. O HD corresponde à memória de longo prazo; a RAM, à memória de trabalho. Enquanto você está trabalhando, digitando um texto, por exemplo, está usando a RAM. No momento em que você resolve parar e guardar o arquivo, salvando-o com um nome, ele vai para a memória de longo prazo, o HD, e lá permanecerá até ser chamado de volta.

Outro exemplo bem corriqueiro que permite demonstrar a diferença de memória de trabalho e memória de longo prazo é representado pelo uso que se faz dos números de telefone. O número do seu próprio telefone está armazenado na memória de trabalho. Se você tiver de informá-lo a alguém, ele imediatamente estará à disposição. Mas quando você tem de ligar para um médico ou um prestador de serviços, terá de ir buscar o número em algum lugar em que ele esteja armazenado, numa agenda ou em sua lista de contatos. Os números de telefone armazenados em agendas equivalem à memória de longo prazo. A essa altura, você poderá estar perguntando: o que isso tem a ver com leitura e produção de textos? É simples: quando se lê, usa-se a memória de trabalho. Como ela não é capaz de reter muita informação, é preciso liberar espaço que será preenchido com novas informações, guardando as já lidas na memória de longo prazo. Isso faz com que a leitura seja feita em blocos.

Ao redigir um texto, tem de se levar isso em conta. Como o leitor não consegue armazenar um volume grande de informações de uma só vez, você deve passá-las em blocos. Faça um teste. Tente reter na memória os números a seguir:

28431052618

83992615764

Com certeza você não conseguiu, porque em cada um deles há 11 dígitos, ou 11 blocos de informação, o que ultrapassa em muito o limite da memória de trabalho. No entanto, as pessoas armazenam na memória de trabalho números semelhantes a esses com muita facilidade, dividindo-os em blocos de informação que não ultrapassem 7. Esses números, que são o de um CPF e o de um telefone celular de uma pessoa hipotética, são armazenados na memória de trabalho assim:

284.310.526-18

83-9.9261-5764

Em vez de 11 elementos (blocos) para memorizar, têm-se agora 4, por isso, quando alguém lhe pergunta o número de seu CPF ou de seu celular, você os fornece em blocos, não só porque os reteve em sua memória em blocos, mas também porque sabe que, se não o fizer dessa forma, a pessoa não conseguirá armazenar a informação.

Portanto, quando se produz um texto, deve-se ter isso em mente, transmitindo a informação ao leitor em blocos para que ele consiga processá-la. Na escrita, isso se faz por meio da segmentação do texto, correspondentes a blocos de informação. Não há uma regra fixa que determine como segmentar um texto, mas algumas coisas você deve observar:

a. evite frases muito longas. É provável que, quando o leitor estiver chegando ao final dela, já tenha esquecido o que havia no início;

b. as frases também vão formar blocos, os parágrafos, por isso, agrupe-as em pará-grafos. Assim, você dá oportunidade ao leitor de esvaziar blocos de informação da memória de trabalho para poder preenchê-la com novas informações;

c. o melhor critério para a constituição dos blocos de informação é o temático, isto é, informações sobre um mesmo tema num bloco; mudou o tema, ou a perspectiva de abordar o tema, outro bloco. Veja que, para armazenar os 11 dígitos do número do celular, adota-se um critério para criar os blocos de informação. No primeiro, coloca-se o DDD; no segundo, o 9, que as operadoras acrescentaram ao número antigo; no terceiro, o prefixo do telefone; no último, os algarismos que correspondem ao final do número da linha. Com base nisso, apresento a regra 3.

> Ao redigir o texto, apresente as informações em blocos e não tudo de uma vez. Evite frases muito longas. Não tenha receio de usar o ponto e começar uma nova frase. Agrupe as frases em parágrafos, que necessariamente não precisam ser extensos. Evite que seu leitor tenha de voltar ao começo da frase ou parágrafo para entender a ideia.

A título de exemplo, veja como Guimarães Rosa inicia um de seus contos mais conhecidos, "Desenredo".

> Jó Joaquim, cliente, era quieto, respeitado, bom como o cheiro de cerveja. Tinha o para não ser célebre. Com elas quem pode porém? Foi Adão dormir, e Eva nascer. Chamando-se Livíria, Rivília ou Irlívia, a que, nesta observação, a Jó Joaquim apareceu.

> (Rosa, 1995b: 555)

Como se pode notar, um parágrafo curto, apenas três linhas. Além disso, é formado de apenas cinco frases curtas, concisas. Uma oração não entra dentro da outra, formando períodos complexos com uma oração principal e várias outras subordinadas a ela. São como unidades de sentido autônomas que o leitor vai relacionando. Quando ele chega à quinta frase, a primeira ainda está viva em sua memória de trabalho. Um texto fácil de ser processado, portanto.

Para segmentar um texto em blocos de sentido, você deve se valer também dos sinais de pontuação, separando em partes um enunciado longo, para isso serve a vírgula. Observe como Lima Barreto torna uma frase longa perfeitamente processável, valendo-se da vírgula e do ponto e vírgula.

À noite, porém, o doutor percebendo que a mulher dormia, saltou a janela e correu em direção ao cemitério; Cora, de pés nus, com as chinelas nas mãos, procurou a criada para irem juntas à colheita de ossos.

(Barreto, 2001: 41)

O ponto e vírgula, embora pouco usado, é um sinal utilíssimo para segmentar frases. Trata-se de um sinal de pontuação que marca uma pausa mais longa que a vírgula, no entanto menor que a do ponto. Você pode empregá-lo para:

a. separar orações coordenadas que já venham "quebradas" no seu interior por vírgula:
    "Os burgueses admiravam-lhe a economia; os clientes, a polidez; os pobres, a caridade." (Gustave Flaubert)
b. separar orações coordenadas que se contrabalançam em força expressiva (formando antítese, por exemplo):
    "Muitos se esforçam; poucos conseguem. Uns trabalham; outros descansam."

Veja a seguir o procedimento usado por Charles Dickens na abertura de seu livro *Um conto de duas cidades*:

Aquele foi o melhor dos tempos, foi o pior dos tempos, foi a idade da razão, a idade da insensatez, a época da crença, a época da incredulidade, a estação da Luz, a estação das Trevas, a primavera da esperança, o inverno do desespero, tínhamos tudo diante de nós, não tínhamos nada diante de nós, todos iríamos direto ao Paraíso, todos iríamos direto ao sentido oposto – em suma, a época era tão parecida com o presente que algumas autoridades mais ruidosas insistiram que ela fosse recebida, para o bem ou para o mal, apenas no grau superlativo de comparação.

(Dickens, 2010: 11)

Observe que, nesse caso, as vírgulas separam blocos de texto que se opõem pelo sentido. Afirma-se X e, em seguida, afirma-se algo que se opõe a X, formando antíteses, figura de linguagem que consiste na aproximação de ideias contrárias. "Melhor dos tempos" *vs.* "pior dos tempos"; "idade da razão" *vs.* "idade da insensatez"; "época da crença" *vs.* "época da incredulidade" etc.

Você também deve ter notado que o autor repete palavras. Não há problema algum nisso; pelo contrário, nesse caso, a repetição confere ritmo ao texto. Em geral, na escola se ensina que, quando se escreve, não se devem repetir as mesmas palavras, substituindo aquelas que se repetem por pronomes ou sinônimos. Isso não deve ser levado a ferro e fogo, ou seja, não é uma verdade absoluta, já que a repetição de uma mesma palavra pode ter efeitos estilísticos e contribuir para o valor argumentativo do texto, como no exemplo apresentado no capítulo anterior em que se repete a palavra Mappin. Agora, exemplifico com um exemplo colhido de um sermão do padre Antônio Vieira:

> O primeiro remédio é o tempo. Tudo cura o tempo, tudo faz esquecer, tudo gasta, tudo digere, tudo acaba.
>
> (Vieira, 2011 [1643])

Volto a um exemplo dado no capítulo anterior.

> Boi bem bravo, bate baixo, bota baba, boi berrando... Dança doido, dá de duro, dá de dentro, dá direito... Vai, vem, volta, vem na vara, vai não volta, vai varando...
>
> (Rosa, 1995a: 212)

Naquele momento, chamei a atenção para o aspecto sonoro da mensagem. Agora ressalto outra característica. Observe que o autor segmentou a mensagem em três unidades, com praticamente o mesmo número de palavras, 9, 10 e 11, com predominância de um tipo de fonema em cada uma. No primeiro segmento, predomina o fonema bilabial /b/; no segundo, o linguodental /d/; no terceiro, o labiodental /v/.

Por fim, esclareço que se costuma padecer de cegueira em relação aos próprios textos. Podem-se apontar problemas em textos alheios, mas nem sempre se enxergam problemas nos próprios textos.

* * *

Em minha atividade profissional, tenho lido dissertações de mestrado e teses de doutorado com sérios problemas de redação. Não se trata apenas de erros gramaticais ou de digitação, mas problemas na construção das frases deixando o texto pouco claro. Como explicar que um mestrando ou doutorando em Letras, que em princípio deveria ser um competente produtor de textos, apresente uma dissertação ou tese com problemas de redação? A resposta já foi adiantada: as pessoas padecem de cegueira com relação aos próprios textos. Tendem a julgar que estão claros quando na verdade não estão. Às vezes, leem o texto muitas vezes e mesmo assim deixam escapar erros. Isso ocorre porque, depois de lê-los tantas vezes, não enxergam mais o erro. Se a leitura é feita na tela de um computador, a cegueira tende a aumentar. A melhor maneira de resolver esse problema é solicitar a outra pessoa que leia o texto e

48 Da leitura literária à produção de textos

aponte os problemas. Mesmo os escritores consagrados têm seus textos revistos pela editora que vai publicá-los. Portanto, fica a última regra deste capítulo.

> Todo texto, antes de ser dado a público, deve passar por um criterioso processo de revisão, que procurará identificar não só erros gramaticais, de digitação ou de formatação, mas também problemas relativos à organização do texto, como falta de coesão, coerência e clareza. Sempre que possível, a revisão deverá ser feita por uma pessoa que não seja o próprio autor e que tenha a competência necessária para realizar esse trabalho. Não confie cegamente nos corretores ortográficos dos processadores de texto, pois não conseguem capturar todos os erros e, muitas vezes, veem erros onde não existem.

TEXTO COMENTADO

Reproduzo a seguir um trecho do romance *O conto da aia*, de Margaret Atwood.

Gostaria de acreditar que isso é uma história que estou contando. Preciso acreditar nisso. Tenho que acreditar nisso. Aquelas que conseguem acreditar que essas histórias são apenas histórias têm chances melhores. Se for uma história que estou contando, então tenho controle sobre o final. Então haverá um final, para a história, e a vida real virá depois dele. Poderei começar onde interrompi. Isso não é uma história que estou contando.

É também uma história que estou contando, em minha cabeça, à medida que avanço. Conto, em vez de escrever, porque não tenho nada com que escrever e, de todo modo, escrever é proibido. Mas se for uma história, mesmo em minha cabeça, devo estar contando-a para alguém. Você não conta uma história só para si mesma. Sempre existe alguma outra pessoa.

Mesmo quando não há ninguém.

Uma história é como uma carta. *Caro você*, direi. Apenas você sem nome. Acrescentar um nome acrescenta *você* ao mundo real, que é mais arriscado, mais perigoso: quem sabe quais serão as probabilidades lá fora de sobrevivência, de sua sobrevivência? Eu direi *você*, *você*, como uma velha canção de amor. *Você* pode ser mais de uma pessoa.

Você pode significar milhares.

Não estou correndo nenhum perigo imediato, direi a você.

Fingirei que você pode me ouvir.

Mas não adianta, porque sei que não pode.

(Atwood, 2017: 40)

Trata-se de um trecho escrito em 1ª pessoa, como se pode observar pelas marcas linguísticas espalhadas pelo texto: (eu) *Gostaria de acreditar que isso é uma história que* (eu) *estou contando.* (eu) *Preciso acreditar nisso.* (eu) *Tenho que acreditar nisso.* Isso significa que aquele que conta é também personagem daquilo que conta.

Nas narrações em 1ª pessoa, o efeito de sentido é o de subjetividade. Observe que a autora produz um texto que o leitor pode processar com facilidade, apresentando-o em blocos de informação. São frases curtas e diretas, agrupadas em parágrafos, também curtos. Alguns deles formados de uma única frase. O vocabulário empregado é de domínio de um leitor médio. Observe ainda que se omitem palavras que podem ser facilmente recuperadas pelo leitor, tornando o texto mais conciso. O sujeito dos verbos em 1ª pessoa não é explicitado, já que, pela desinência, o leitor sabe que o sujeito só pode ser *eu*.

Afirmei que o enunciador, ao tomar a palavra, está sempre se dirigindo a um enunciatário (*tu/você*), que pode estar ou não explicitado no texto. Nesse trecho, o enunciatário está explicitado por meio do pronome *você*. Há uma consciência plena da autora de que quem conta algo sempre conta para alguém: "Você não conta uma história só para si mesma. Sempre existe alguma outra pessoa", mesmo que esse enunciatário não seja alguém especificamente ("Mesmo quando não há ninguém"), como no exemplo que comentei das produções de texto para exames. O que ocorre é que o enunciatário pode estar explicitado no texto, como numa carta ou como no texto de Atwood, ou não, caso em que se confunde com o leitor do texto.

FECHANDO O CAPÍTULO

Dependendo do plano da expressão, os textos verbais podem ser falados ou escritos. Língua falada e língua escrita são dois sistemas diferentes, com características próprias. A principal diferença entre um e outro é que, no texto falado, a recepção é on-line, isto é, aquele com quem se fala está presente no ato da produção, de sorte que podemos ver suas reações e reformular o texto em tempo real.

Nos textos escritos, a recepção é diferida, isto é, ela ocorre em momento posterior à enunciação, às vezes muito tempo depois. Neles, o leitor não está presente no momento da produção, obrigando o autor a construir uma imagem mental dele, adequando o texto a essa imagem construída. A ausência do leitor no momento da

50   Da leitura literária à produção de textos

produção leva a antecipar as dificuldades que ele possa ter na leitura, por isso um texto escrito requer sempre um planejamento. Ressaltei ainda que é comum não perceber problemas nos próprios textos, por isso é sempre aconselhável que seja feita uma revisão por alguém que tenha competência para isso.

SUGESTÃO DE ATIVIDADE

Num texto, alguém escreve algo para outra pessoa. Esse alguém que escreve, o enunciador, pode deixar as marcas gramaticais da pessoa no texto, escrevendo em 1ª pessoa (*eu*), ou apagá-las, ou seja, há um *eu* que fala, mas ele não diz *eu*. Nesse caso, o texto estará escrito em 3ª pessoa, o que lhe dará um efeito de sentido de objetividade.

Como o primeiro passo para a produção de um bom texto escrito é o planejamento, você deverá completar o quadro a seguir, indicando como será seu texto.

Preenchidos os campos em branco, você poderá fazer a primeira redação do texto. Depois de pronto, deverá relê-lo, corrigir possíveis erros de grafia e de digitação. Verifique se as ideias estão bem relacionadas, isto é, se há um nexo lógico entre elas. Feito isso, reescreva-o tantas vezes quantas forem necessárias até que esteja claro. Sempre que possível, peça a alguém para lê-lo e fazer comentários. Se for necessário, reescreva-o mais uma vez. Lembre-se de uma regra fundamental: *escrever é reescrever*.

Tema	obrigatoriedade do voto
Enunciador	não explicitado (texto em 3ª pessoa)
Enunciatário	livre escolha
Gênero	livre escolha
Tipo de texto	argumentativo
Ponto de vista a ser defendido	livre escolha
Finalidade	persuadir o enunciatário
Veículo em que será publicado	livre escolha

Comentários

Tema é o mesmo que assunto, isto é, designa aquilo sobre o qual você vai falar. Em exames, os temas costumam ser polêmicos, isto é, comportarem posições contraditórias. O tema proposto nesta atividade é desse tipo. Há quem defenda a obrigatoriedade do voto; há quem queira que o voto seja facultativo. Você deverá tomar uma posição a respeito e defendê-la com argumentos convincentes. Sua estratégia será conseguir a adesão do leitor.

Quanto ao enunciatário, ele pode estar ou não explicitado. Lembre-se: quem escreve escreve para alguém. Então tenha bem claro quem é o leitor.

Gêneros são formas relativamente estáveis de enunciados. São inúmeros: carta, artigo de opinião, editorial, receita culinária, currículo, memorando, poema, conto, piada etc. Evidentemente, você vai escolher o gênero que melhor se adeque ao tema de seu texto e ao propósito comunicativo, e observar as convenções do gênero.

O tipo de texto está ligado ao modo como se utiliza a linguagem e a finalidade a que se propõe. Ao contrário dos gêneros, são poucos os tipos de texto. Interessa por ora apenas três deles: o narrativo, o descritivo e o dissertativo.

Um texto narrativo conta um fato real ou não; o descritivo faz o retrato verbal de algo ou de alguém apresentando suas características; o argumentativo visa convencer alguém de um ponto de vista, ou seja, o texto argumentativo tem por finalidade persuadir o leitor. No capítulo "Tipologia textual", explico com mais detalhes os tipos de texto.

Como afirmei, gênero e tipo não são a mesma coisa. Você pode, por exemplo, ter uma carta (gênero) narrativa (tipo) ou argumentativa (tipo).

SUGESTÕES DE LEITURAS

FERREIRA, Luiz Antonio. *Leitura e persuasão*: princípios de análise retórica. São Paulo: Contexto, 2010.
Livro que explora os conceitos de argumentação e persuasão com fundamento nos estudos da retórica. Trata-se de obra que fornece subsídios importantes para o desenvolvimento de técnicas argumentativas.

MARCUSCHI, Luiz Antônio. *Da fala para a escrita*: atividades de retextualização. 4. ed. São Paulo: Cortez, 2003.
Livro fundamental para entender as diferenças entre língua falada e língua escrita.

PINKER, Steven. *Guia de escrita*: como conceber um texto com clareza, precisão e elegância. São Paulo: Contexto, 2016.
Livro para ser lido em sua íntegra. Escrito por um norte-americano, com excelente tradução para o português de Rodofo Ilari.

SMITH, Frank. *Compreendendo a leitura*: uma análise psicolinguística da leitura e do aprender a ler. Porto Alegre: Artes Médicas, 1989.
Sugerimos a leitura do quinto capítulo, "Afunilamento da memória", em que o autor discorre sobre os tipos de memória.

ZINSSER, William. *Como escrever bem*. São Paulo: Três Estrelas, 2017.
Trata-se de um livro que se tornou clássico e que é usado como manual prático para todos aqueles que pretendem escrever bem e com clareza. Obra bastante objetiva: um guia prático, mas não superficial.

A crônica

Neste capítulo, trato de um gênero híbrido, que transita entre o literário e o não literário, e que costuma ser veiculado em vários suportes: a crônica. Você encontrará crônicas não só em livros, mas também no jornal diário, em revistas e em meios digitais, como blogs e *fanpages*.

A crônica é excelente modelo para a produção de textos pessoais, independentemente da esfera em que circulem, sejam eles narrativos, expositivos ou argumentativos, por isso faça da leitura de crônicas, sobretudo as de bons autores, um hábito; pois, como afirmei no capítulo anterior, os grandes escritores são, antes de tudo, leitores.

A leitura de crônicas é uma excelente prática para se desenvolver a habilidade de produzir textos em que limites são impostos, tais como prazo curto para aprontar o texto, extensão predeterminada e atualidade do tema. São inúmeras as situações em que se tem de produzir um texto dentro de um limite estabelecido de páginas ou de caracteres, como nas redações de exames ou concursos e na produção de artigos, seja da esfera jornalística ou da acadêmica. O fato de a crônica ser um gênero costumeiramente veiculado na imprensa obriga o cronista a aprontar seu texto rapidamente e escrevê-lo nos limites de espaço, não muito extenso e, em consequência, demandando concisão, que é uma qualidade dos textos em geral.

A CRÔNICA

A palavra crônica, segundo o *Dicionário Houaiss*, procede do latim *chronica*, cujo sentido é "relato de fatos em ordem temporal, narração de histórias que se sucedem no tempo segundo uma ordem", sentido que até hoje se mantém em português.

Crônica prende-se ao radical grego *kronos*, que significa tempo e que aparece em inúmeras palavras da língua portuguesa, como *cronologia, cronômetro, cronógrafo, sincronia, anacrônico* etc., todas pertencentes ao campo lexical de tempo. O substantivo *crônica* aponta a principal característica do gênero: um texto cuja matéria é o tempo, por isso nela pode-se falar de tudo, porque tudo o que ocorre acontece no tempo.

O tempo da crônica é aquele vivido ou revivido pelo cronista, aquele a que Drummond se refere nos versos finais de seu poema "Mãos dadas": "O tempo é a minha matéria, o tempo presente, os homens presentes,/a vida presente".

A crônica é frequentemente um texto pessoal, em que o cronista, em geral com leveza, recria a realidade cotidiana com seu estilo particular, sem a preocupação de ser fiel à realidade.

CRÔNICA E CONTO

Dada sua curta extensão, a crônica costuma ser confundida com o conto, particularmente quando é narrativa. Em geral, ela se distingue do conto pelas seguintes características:

1. O suporte: a esfera de circulação da crônica é o discurso jornalístico; seus leitores, em princípio, são os mesmos que leem notícias. Embora possam ser publicadas em livros, em geral circulam primeiro em jornais. Por ser um gênero de curta extensão, tratando de temas da atualidade com leveza, é largamente utilizada em situações de ensino e aprendizagem, por isso são muito lidas na escola, exercendo importante papel na formação de leitores. É comum livros apresentarem uma coletânea de crônicas publicadas anteriormente em jornais. Cronistas encontraram na internet um bom lugar para publicarem seus textos, sobretudo em blogs.

2. O enunciador: na crônica, ele costuma ser a própria pessoa do cronista, ao passo que no conto ele delega a função de narrar a um ser ficcional, que pode ser uma personagem da história ou um observador.

3. Grau de aprofundamento: a crônica não tem o mesmo grau de aprofundamento do conto, que apresenta uma elaboração maior dos elementos da narrativa, tempo, espaço e personagem.

O fato de a crônica ser publicada em veículos de comunicação de massa fez com que alguns críticos a rotulassem como gênero literário menor, não lhe atribuindo o mesmo *status* de gêneros considerados mais nobres, como o conto e o romance. Isso não procede. O valor da obra não pode ser medido com base no meio em que foi publicada. Muitos romances foram inicialmente publicados em jornais, em capítulos, acompanhados avidamente pelos leitores.

Há romances e contos publicados em livro que não possuem valor literário e crônicas publicadas em jornais e na internet que possuem alto valor literário. Grandes autores de contos e romances também cultivaram o gênero crônica, como Machado de Assis, Eça de Queirós, Carlos Drummond de Andrade.

A crônica pode tratar de qualquer assunto, desde os mais leves até os graves. Drummond afirma que o assunto da crônica: "Pode ser um pé de chinelo, uma pétala de flor, duas conchinhas da praia, o salto de um gafanhoto, uma caricatura, o rebolado da corista, o assobio do rapaz da lavanderia. Pode ser tanta coisa!" (Andrade, 2009: 200).

Ainda segundo Drummond, ao cronista é permitido abordar diversos assuntos sem que seja necessário ser especialista em nenhum deles, mas faz uma restrição: o cronista não deve ser faccioso, ou seja, não deve servir a interesses pessoais ou de grupos.

TEXTO COMENTADO

Leia a seguir uma crônica de Lima Barreto, publicada em 19 de janeiro de 1915. Nela, o cronista fala de um problema que, mesmo passado mais de um século, ainda persiste.

As enchentes

As chuvaradas de verão, quase todos os anos, causam no nosso Rio de Janeiro inundações desastrosas.

Além da suspensão total do tráfego, com uma prejudicial interrupção das comunicações entre os vários pontos da cidade, essas inundações causam desastres pessoais lamentáveis, muitas perdas de haveres e destruição de imóveis.

De há muito que a nossa engenharia municipal se devia ter compenetrado do dever de evitar tais acidentes urbanos.

Uma arte tão ousada e quase tão perfeita, como é a engenharia, não deve julgar irresolvível tão simples problema.

> O Rio de Janeiro, da avenida, dos *squares*, dos freios elétricos, não pode estar à mercê de chuvaradas, mais ou menos violentas, para viver a sua vida integral.
>
> Como está acontecendo atualmente, ele é função da chuva. Uma vergonha!
>
> Não sei nada de engenharia, mas, pelo que me dizem os entendidos, o problema não é tão difícil de resolver como parece fazerem constar os engenheiros municipais, procrastinando a solução da questão.
>
> O Prefeito Passos, que tanto se interessou pelo embelezamento da cidade, descurou completamente de solucionar esse defeito do nosso Rio.
>
> Cidade cercada de montanhas e entre montanhas, que recebe violentamente grandes precipitações atmosféricas, o seu principal defeito a vencer era esse acidente das inundações.
>
> Infelizmente, porém, nos preocupamos muito com os aspectos externos, com as fachadas, e não com o que há de essencial nos problemas da nossa vida urbana, econômica, financeira e social.
>
> (Barreto, [1915])

Chamo sua atenção para como Lima Barreto trabalhou com maestria as características do gênero crônica. Primeiro: escolheu um tema atual, as chuvas que naquele momento assolavam o Rio de Janeiro e os problemas decorrentes dela.

Além de atual, trata-se de tema de interesse dos leitores. As complicações no tráfego, as interrupções nas comunicações, perdas e destruição de imóveis afetam a vida de todos.

Embora trate de um problema de natureza grave, o cronista faz isso com leveza, mas sem abrir mão de uma postura crítica, apontando responsáveis. As chuvaradas de verão são um fenômeno natural, por isso não há como impedi-las, no entanto, para o cronista, os problemas decorrentes delas poderiam ser evitados. Não é por falta de conhecimento técnico que não se resolve, "o problema não é tão difícil de resolver como parece fazerem constar os engenheiros municipais", mas por falta de vontade política: "O Prefeito Passos, que tanto se interessou pelo embelezamento da cidade, descurou completamente de solucionar esse defeito do nosso Rio".

Do ponto de vista da organização textual, isto é, de como essas ideias são transmitidas ao leitor, dois recursos usados pelo cronista contribuem para o fazer comunicativo (*fazer-saber*) e o fazer persuasivo (*fazer-crer*).

O primeiro é a concisão: texto objetivo, direto, atendo-se ao essencial. No capítulo anterior, chamei a atenção de que não se deve passar ao leitor todas as informações num único bloco; ao contrário, deve-se segmentar o texto em blocos de informação. Observe como o cronista organizou o texto em parágrafos curtos, favorecendo a retenção das ideias.

A persuasão decorre do fato de que, embora escrita em 1ª pessoa, o cronista se coloca como cidadão, identificando-se com o leitor. Como ele consegue isso? Por um truque simples: mudando a 1ª pessoa do singular (*eu*) para a 1ª do plural (*nós*), como você pode observar nos trechos "causam no nosso Rio de Janeiro" e "nos preocupamos muito com os aspectos externos".

O uso da 1ª pessoa do plural no último parágrafo, que serve de conclusão ao texto, chama a atenção para o fato de que o descuido com a cidade não é exclusividade dos governantes. Os governados têm também sua parcela de responsabilidade.

Mais de cem anos passados e a crônica continua atual.

DUAS FERRAMENTAS BÁSICAS PARA A PRODUÇÃO DE TEXTOS

Para produzir textos, é preciso ter algo para se dizer, aquilo que se pretende comunicar ao leitor. No caso dos textos verbais, aquilo que se diz (o conteúdo do texto) se materializa em palavras que se organizam em frases. Duas são as ferramentas primeiras que se utilizam para escrever:

a. Um vocabulário, isto é, um conjunto de palavras. Como você viu, podem ser concretas ou abstratas. O predomínio de umas ou de outras vai caracterizar os textos como figurativos ou temáticos, respectivamente.

b. Uma gramática, isto é, um conjunto de regras que permitem combinar as palavras a fim de organizá-las em frases portadoras de sentido.

Essas duas ferramentas são essenciais e dependentes. As ideias não são transmitidas apenas por palavras. Para que essas veiculem uma ideia é necessário que estejam ordenadas segundo as regras da língua, ou seja, segundo a gramática. Em "Inundações chuvaradas verão desastrosas as causam de", embora todas as palavras sejam conhecidas, não se transmite uma ideia, porque não estão organizadas segundo a gramática da língua, ao contrário do que ocorreria se estivessem assim organizadas: "As chuvaradas de verão causam inundações desastrosas".

É necessário que se faça uma observação quanto às palavras. Elas podem ter um referente no mundo natural (imaginado ou real). São denominadas palavras lexicais, representadas principalmente por substantivos, adjetivos e verbos. Os primeiros são usados para nomear os seres em geral; os segundos, qualidades e estados dos seres; e os últimos, ações. Da crônica de Lima Barreto, destaco os seguintes exemplos: substantivos: *chuvaradas, Rio de Janeiro, tráfego, cidade, desastres, imóveis inundações*; adjetivos: *desastrosas, total, prejudicial, lamentáveis, municipal, urbanos, perfeita, simples*; verbos: *causam, devia, ter, entrar, julgar, viver, resolver, solucionar...*

Há, no entanto, palavras que não têm um referente no mundo natural, são usadas para estabelecer relações de sentido entre partes do texto. São denominadas palavras gramaticais, representadas principalmente por artigos, preposições e conjunções. Nos trechos seguintes, extraídos da crônica de Lima Barreto, destaco esse tipo de palavra: "chuvaradas *de* verão"; "perdas *de* haveres *e* destruição *de* imóveis"; "Cidade cercada *de* montanhas *e entre* montanhas, *que* recebe violentamente grandes precipitações atmosféricas".

Nos exemplos apresentados, as preposições *de* e *entre* têm a função de relacionar dois termos da frase; a conjunção *e* de ligar dois termos da frase, estabelecendo entre eles ideia de adição; a função do pronome *que* é retomar um termo anterior (Rio de Janeiro).

As palavras lexicais formam um inventário aberto. Novas palavras surgem, os chamados neologismos, como o verbo *viralizar*, no sentido de algo que se espalha rapidamente pelas redes sociais; outras deixam de ser usadas e passam a ser consideradas arcaísmos. Pessoas jovens talvez nunca tenham ouvido palavras como *vitupério, opróbrio* e *charneca*, pois caíram em desuso. Nenhum falante tem o conhecimento de todas as palavras da língua, portanto. As palavras gramaticais, ao contrário das lexicais, formam um conjunto fechado: há dois artigos em português, *o* e *um*, que podem ser flexionados em gênero e número. O número de preposições não chega a 20. O número de conjunções, embora maior que o de preposições, também não é extenso.

Há também palavras que usamos para recuperar algo que já foi dito no texto. São os chamados anafóricos, representados principalmente por pronomes. A função dos anafóricos é lembrar, como em "Cidade cercada de montanhas e entre montanhas, *que* recebe violentamente grandes precipitações atmosféricas...". Na frase, o pronome *que* retoma uma palavra empregada no parágrafo anterior, *Rio de Janeiro*.

Os anafóricos, por retomarem outros elementos do texto, amarram um termo ao outro, conferindo coesão. A substituição de uma palavra lexical por outra, um sinônimo por exemplo, também confere coesão. Observe que Lima Barreto usa primeiro a palavra *Rio de Janeiro* e depois *cidade* para se referir ao Rio de Janeiro. Nesse caso, substituiu o mais específico pelo mais geral.

Como você pôde notar, a coesão resulta tanto de procedimentos gramaticais quanto de lexicais. Com relação à coesão lexical, retomo o exemplo da crônica de Lima Barreto, em que se usou a palavra *cidade* para retomar a palavra *Rio de Janeiro*.

Quanto às palavras que se aproximam pelo sentido, além de sinônimos, em seus textos você deverá se valer de *hiperônimos* e *hipônimos* a fim de conseguir coesão. Hipônimo é a palavra que, em relação a outra, tem significado mais específico (*Rio de Janeiro* em relação a *cidade*); hiperônimo é aquela que tem o significado mais abrangente (*cidade* em relação a *Rio de Janeiro*). Veja mais alguns exemplos.

Hiperônimo	Hipônimo
médico	pediatra, cardiologista, anestesista
doença	câncer, diabetes, hepatite, sarampo
ave	tucano, arara, galinha, avestruz, águia
flor	violeta, margarida, rosa, lírio, orquídea
inseto	barata, formiga, mosca, cupim, abelha
fruta	maçã, uva, melão, goiaba, banana

Observe no trecho a seguir como o procedimento é usado para obter coesão textual.

> A minhoca continua a se retorcer, apesar de dividida em três pedaços. Visto o anzol com a parte que me cabe: seguro o anelídeo entre o polegar e o indicador, introduzo a fisga com a outra mão e empurro o verme para baixo até ele fazer a curva e cobrir a haste. Uma pasta com cor e cheiro de barro sai do interior. Os mosquitos estão à toda, gostaria de acender um cigarro para espantá-los, mas não quero contaminar a isca.
>
> (Bottini, 2013: 42)

A primeira frase do texto começa a falar sobre a minhoca, termo familiar ao leitor. Em seguida essa palavra é retoma por *anelídeo*, mais genérica; um hiperônimo, portanto. As palavras *verme* e *isca*, no texto, também se referem a *minhoca*. O pronome *ele* retoma *verme*, que, por sua vez, retoma *minhoca*. A forma pronominal *-los* (espantá-los) retoma *mosquitos*.

Esse procedimento permitiu que o autor amarrasse as palavras formando um todo coeso. Veja como ficaria o texto, caso o autor não se valesse das substituições.

> A minhoca continua a se retorcer, apesar de dividida em três pedaços. Visto o anzol com a parte que me cabe: seguro a minhoca entre o polegar e o indicador, introduzo a fisga com a outra mão e empurro a minhoca para baixo até a minhoca

fazer a curva e cobrir a haste. Uma pasta com cor e cheiro de barro sai do interior. Os mosquitos estão à toda, gostaria de acender um cigarro para espantar os mosquitos, mas não quero contaminar a minhoca.

Leia agora o texto a seguir.

Peixe-boi: história e lenda

É provável que o peixe-boi tenha tido sua origem há mais ou menos 45 milhões de anos. Desde os primeiros contatos com o homem, este mamífero de águas doces e salgadas despertou muito interesse. O tamanho impressionava e levava os pescadores a temerem o animal.

(Disponível em: <http://natureplanet.blogspot.com.br/2007/08/projeto-peixe-boi.html>,

acesso em: 26 fev. 2018).

Nele, o termo *peixe-boi* é um hipônimo, retomado pelos hiperônimos *mamífero* e *animal*. Como há três termos na relação, o termo médio *mamífero* é hiperônimo em relação a *peixe-boi*, mas hipônimo em relação a *animal*.

O comum é que a retomada de um termo se dê pelo hiperônimo e não pelo hipônimo. Como o termo mais específico já foi introduzido, retomá-lo pelo termo mais genérico não prejudica a legibilidade. Quando se procede de maneira inversa, introduzindo primeiro o hiperônimo e retomando-o por meio de hipônimos, o processamento do texto fica mais complicado, como se pode observar no trecho reescrito a seguir:

É provável que o animal tenha tido sua origem há mais ou menos 45 milhões de anos. Desde os primeiros contatos com o homem, este mamífero de águas doces e salgadas despertou muito interesse. O tamanho impressionava e levava os pescadores a temerem o peixe-boi.

Como se pode notar, há um caráter hierárquico na relação hipônimos e hiperônimos, e é por isso que se pode dizer que um camelo é um animal, uma tainha é um peixe, um cedro é uma árvore, mas não o contrário, que um animal é um camelo, que um peixe é uma tainha, que uma árvore é um cedro.

Um caso particular de hiperônimos são as *palavras-ônibus*, aquelas que possuem tantas acepções que servem como hiperônimos a ideias bastantes diferentes. As palavras-ônibus são características da variedade popular. O nome é bastante significativo, pois dentro dessas palavras cabem muitas coisas, sejam concretas, abstratas, ações, sentimentos, reais, imaginárias... Como exemplos, podem-se citar as palavras *coisa* e *troço*, que, evidentemente, devem ser evitadas em textos em que se deve fazer uso da variedade culta.

> Um bom vocabulário e o domínio da gramática da língua são as duas ferramentas que todo aquele que quer produzir textos tem de saber manejar, pois elas representam os tijolos (o vocabulário) e a argamassa (a gramática) que nos permitem transformar ideias em algo concreto, o texto.

O vocabulário pode ser enriquecido por meio da leitura e da conversação. Quanto à gramática, ela não deve ser vista como obstáculo para a produção de textos. Utilizo aqui o termo *gramática* em sentido amplo para designar o conjunto sistemático de regras de combinação das palavras e fonemas de uma língua, ou seja, o conjunto de regras internalizadas pelos falantes desde cedo que lhes permite construir e compreender frases possuidoras de sentido e também reconhecer frases que não obedecem a essa gramática natural da língua.

Na verdade, esse conjunto de regras internalizadas permite criar não somente frases, mas também textos, uma vez que as frases se combinam em unidades maiores (o *texto* ou *discurso linguístico),* por meio de elementos como a argumentação, a coesão, a coerência. Embora o conjunto dessas regras seja finito, elas permitem gerar um número infinito de textos.

FECHANDO O CAPÍTULO

A crônica é um excelente gênero para desenvolver a capacidade de produzir textos, por isso, coloque-a entre suas opções de leitura. São textos normalmente curtos, em linguagem acessível e que tratam dos mais variados temas, sob vários vieses; além disso, são textos de fácil acesso, já que aparecem em jornais, revistas e blogs. Lendo crônicas, você perceberá que elas não servem de parâmetro apenas para a produção de outras crônicas, mas também fornecem subsídios para a produção de textos de caráter pessoal e profissional, como relatórios de trabalho, relatos pessoais, de experiências, de viagens etc.

Machado de Assis, que também cultivou o gênero crônica, numa delas dá a seguinte lição: "Cumpre ter ideias, em primeiro lugar; em segundo lugar, expô-las com acerto; vesti-las, ordená-las, apresentá-las à expectação pública" (Machado de Assis, 1973: 394-5).

Um texto se faz a partir de ideias. Mas, como diz Machado, não basta ter ideias, é preciso saber verbalizá-las, ou seja, transformá-las em palavras, o que implica ter um bom vocabulário. Mas ter apenas um bom vocabulário não basta, pois as palavras têm de ser expostas ordenadamente, organizadas em frases, períodos, parágrafos, o que pressupõe, além de conhecimento gramatical, uma competência textual.

SUGESTÃO DE ATIVIDADE

A crônica pode servir de subsídio para produção de outros gêneros textuais, especialmente aqueles de caráter pessoal. Um deles é o relato pessoal, um texto narrativo que tem por objetivo expor acontecimentos significativos da vida de quem o escreve. É uma forma de o leitor conhecer melhor aquele que escreve o relato.

Por ser um texto pessoal, costuma ser narrado na 1ª pessoa do singular e aquele que narra se confunde com a própria pessoa empírica do autor do relato, não se trata de texto ficcional. A variedade de língua usada nesse gênero depende do grau de proximidade entre enunciador e enunciatário, por isso poderá ser mais ou menos formal.

Os relatos pessoais circulam em várias esferas e podem ser solicitados a candidatos a empregos e a bolsas de estudos. Nesse caso, costumam ser impressos e redigidos na norma culta. Também podem circular em jornais, revistas e, até mesmo, nas redes sociais.

Embora não apresentem uma forma fixa rígida, costumam ter título, introdução, desenvolvimento e conclusão. Lembre-se ainda de que, ao produzir o relato pessoal, você procederá a um corte, selecionando, dentre as várias experiências vividas, uma que seja digna de ser relatada, ou seja, o relato é de um acontecimento, não de toda sua vida, o que significa que não se confunde com uma autobiografia.

Se você for fazer um relato pessoal como exigência para conseguir um emprego, o recorte deverá ser feito levando em conta sua formação escolar e profissional, escolas e cursos que frequentou e lugares em que trabalhou. Se for fazê-lo para obtenção de bolsa de estudos, não abrangerá apenas as experiências vividas, mas deverá apresentar também um projeto, em que deve constar o que pretende pesquisar, os objetivos, uma justificativa bem fundamentada e um cronograma detalhando prazos e etapas.

Neste momento, a proposta de produção de texto é a elaboração de um relato pessoal de um episódio de sua vida que tenha sido fundamental para você tomar uma decisão importante, tal como a escolha de uma carreira universitária ou a mudança de atividade profissional. Esse relato será anexado ao seu currículo.

Ao redigi-lo, procure ser conciso, atenha-se ao que é essencial, eliminando tudo aquilo que é supérfluo. Uma boa dica para obter concisão é reler o texto, eliminando 10% do que escreveu (sempre se pode fazer isso, como você verá). Se possível, peça para alguém fazer uma leitura crítica de seu texto, apontando problemas gramaticais ou de falta clareza, como mau relacionamento de ideias.

SUGESTÕES DE LEITURAS

CARPINEJAR, Fabrício. *Para onde vai o amor?* Rio de Janeiro: Bertrand Brasil, 2015.
Crônicas sobre casamento, amor, separação, desilusão amorosa.

LISPECTOR, Clarice. *A descoberta do mundo.* Rio de Janeiro: Rocco, 2016.
Seleção de crônicas que Clarice Lispector publicou em sua coluna semanal no *Jornal do Brasil*.

PRATA, Antonio. *Meio intelectual, meio de esquerda.* São Paulo: Editora 34, 2010.
Crônicas sobre assuntos variados e atuais escritas com humor.

RIO, João do. *A alma encantadora das ruas.* Disponível em: <http://www.dominiopublico.gov.br/download/texto/bn000039.pdf>. Acesso em: 4 abr. 2018.
João do Rio retrata com maestria nessas crônicas a vida urbana no Rio de Janeiro do começo do século XX.

SÁ, Jorge de. *A crônica.* 6. ed. São Paulo: Ática, 2001. Série Princípios.
Livro prático e objetivo que lhe dará muitos subsídios teóricos para se aprofundar no conhecimento do gênero crônica.

* * *

A Editora Objetiva possui uma coleção denominada *Crônicas para ler na escola*, que reúne textos de diversos autores brasileiros, como João Ubaldo Ribeiro, Carlos Heitor Cony, José Roberto Torero, Ignácio de Loyola Brandão, entre outros.

Você também poderá encontrar boas crônicas em alguns volumes da coleção *Para gostar de ler*, publicada pela Editora Ática. Nos volumes, dedicados à crônica, você encontrará ótimos textos de cronistas modernos, como Luis Fernando Verissimo, Carlos Eduardo Novaes, Lourenço Diaféria, José Carlos Oliveira, Paulo Mendes Campos, Rubem Braga, Fernando Sabino, Carlos Drummond de Andrade.

O conto

A leitura de contos de bons autores, aliada ao conhecimento das características desse gênero, também fornece subsídios importantes para a produção de textos que se pautem pela objetividade. Narrativa breve, o conto, assim como a crônica, ensina uma das características essenciais dos bons textos: a concisão.

UMA DEFINIÇÃO

O conto é um gênero narrativo em prosa cujo plano da expressão se manifesta por meio de linguagem verbal, oral ou escrita. Não há propriamente uma única definição de conto. Costuma-se defini-lo por comparação ao romance, outra forma narrativa em prosa. Enquanto este é uma narrativa longa, que pode apresentar várias personagens, aquele é uma narrativa breve (em inglês é chamado de *short story*), o que obriga seu produtor a ater-se ao essencial. Dado o caráter de narrativa condensada, o conto não costuma apresentar análises e descrições minuciosas e, no caso dos contos em que a narrativa se desenvolve no tempo cronológico, não costuma haver digressões temporais. Ao contrário do romance, que pode apresentar ramificações da história central, o conto centra-se num único evento.

Por apresentar extensão limitada, o conto procurar captar um instantâneo, um evento. Julio Cortázar usa uma analogia que permite "visualizar" a diferença entre conto e romance. O contista argentino compara o romance a um filme e o conto a uma fotografia. Essa imagem é muito boa porque ressalta o fato de o conto captar o episódico, ao passo que o romance se volta para o encadeamento de acontecimentos que sucedem no tempo.

No romance, temos uma sucessão de eventos encadeados em direção ao clímax, o ponto de maior tensão na narrativa. Após o clímax, ocorre o desfecho, com a resolução do conflito, e a consequente volta à situação de estabilidade. No romance, o desfecho ocorre um pouco antes do final da história narrada. No conto, embora também haja clímax, tudo é encadeado para o desfecho, que deve ser surpreendente e coincidir com o final da narrativa. Julio Cortázar explica isso por meio da analogia com uma luta de boxe. O romance ganha a luta por pontos, enquanto o conto vence por nocaute.

Por serem os gêneros do discurso práticas *relativamente estáveis* de enunciados, a definição apresentada deve ser vista como um modelo de previsibilidade. Você certamente encontrará romances curtos e contos longos. Lembre-se ainda de que os gêneros são marcados pela plasticidade. Isso significa que não são formas engessadas. Um conto moderno difere de um conto da tradição oral. Embora haja variações dentro de um mesmo gênero, há sempre uma invariante, que é o que caracteriza o gênero. Para definir conto, tem de se buscar essa invariância.

O conto abarca narrativas de diversas espécies e temas, podendo ser apreciado por pessoas de todos os gostos e idades. Há vários tipos de conto: o maravilhoso, o de terror, o policial, o de mistério, o fantástico, o erótico, o psicológico etc. Trata-se de um gênero muito antigo que tem suas origens nas narrativas orais. Muitos contos da tradição oral foram recolhidos e, posteriormente, publicados na forma escrita, como aqueles recolhidos pelos irmãos Grimm, como "Branca de Neve", "Chapeuzinho Vermelho", "Rapunzel".

Nádia Battella Gotlib, em seu livro *Teoria do conto*, estabelece uma distinção entre conto e relato. Enquanto este traz de volta algo que ocorreu, aquele narra um fato criado pela imaginação do autor, portanto sua natureza é ficcional, mesmo que se baseie em fato real. O relato diz respeito ao real, ao verdadeiro; o conto, ao ficcional, ao verossímil.

> *Verossímil* significa "semelhante à verdade". Diz-se que um texto é verossímil quando parece não contrariar a verdade, quando o que é narrado é plausível.

NARRATIVIDADE

Entende-se por narratividade as mudanças de estado. Por exemplo, no conto "Chapeuzinho Vermelho", a personagem central tem seu estado modificado de viva para morta pela ação do lobo e, posteriormente, de morta para viva pela ação do caçador.

Narratividade implica, portanto, transformações. Por exemplo: a personagem está em conjunção com algo que para ela tem um valor e, em seguida, se vê despossuída desse objeto de valor. Nesse caso, temos uma narrativa de privação. Pode ocorrer o contrário, a personagem estava em disjunção de algo que para ela possui um valor e consegue obter esse algo. Aqui, temos uma narrativa de aquisição.

É importante assinalar que aquilo com que a personagem busca entrar em conjunção, ou aquilo de que se vê privada, tem para ela um valor, que pode ser representado por algo concreto (uma espada, um documento, uma chave, um tesouro etc.) ou abstrato (a felicidade, o amor, o sucesso, a fama, a vingança etc.).

Em síntese, pode-se definir conto como uma narrativa condensada; centrada em um único evento; com poucas personagens (apenas as centrais); com final surpreendente.

ELEMENTOS DA NARRATIVA

O texto narrativo (lembre-se de que o conto é um texto narrativo) apresenta cinco elementos: narrador, ação (evento), personagem, tempo e espaço. Veja cada um deles em separado.

Narrador: narrar é contar, portanto, narrador é aquele que conta. Toma-se contato com o que foi narrado (a história, o evento) porque há alguém que narra. O narrador cria uma ponte entre o autor e o leitor. Ele narra por delegação do autor, por isso não se deve confundir narrador com autor. Este é uma pessoa empírica, um sujeito de carne e osso; aquele é um ser de papel, uma criação do autor.

O narrador pode ser uma das personagens da narrativa; nesse caso, haverá no texto as marcas gramaticais de pessoa (pronomes e verbos). Ou, então, apenas um observador que não participa da história como personagem. Nessa situação, tem-se uma narração em 3ª pessoa e as marcas linguísticas de pessoa do narrador não estão presentes no texto. É como se a história contasse a si própria.

A perspectiva em que se coloca o narrador para contar é denominada foco narrativo. Há basicamente dois: visão de dentro, narrativa em 1ª pessoa (*eu*), e visão de fora, narrativa em 3ª pessoa (*ele/ela*). A perspectiva adotada determina o que o narrador pode ver e, portanto, narrar. Assim, um narrador em 3ª pessoa pode ter uma visão total daquilo que narra, o que lhe possibilita narrar até os pensamentos íntimos das personagens. A esse tipo de narrador dá-se o nome de onisciente, palavra que provém de *oni* = tudo + *sciente* = que sabe; ciente. Quando o narrador participa da história narrada, visão de dentro, narração em 1ª pessoa, ele pode ser representado pela personagem principal (narrador protagonista) ou por uma personagem secundária (narrador testemunha).

A escolha por usar um foco narrativo ou outro está ligada aos efeitos de sentido que se pretendem produzir. Ao escolher o foco narrativo em 3ª pessoa, apagando com isso as marcas linguísticas do enunciador no enunciado, o efeito de sentido produzido é o de objetividade. No caso do foco narrativo em 1ª pessoa, o efeito de sentido é o de subjetividade.

Ação (evento): no conto é narrado um fato, um acontecimento. Aquilo que é narrado, a história propriamente dita, recebe o nome de fábula ou diegese. O conto, dado o seu caráter de narrativa condensada, ao contrário do romance, centra-se em um único evento, uma única história, um único conflito.

Personagem: as mudanças de estado sempre se referem a um sujeito antropomorfizado, isto é, com características e valores humanos, mesmo que seja figurativizado por um animal, como nas fábulas, ou por coisas, como no célebre conto "O apólogo", de Machado de Assis, em que as personagens são uma agulha e um novelo de linha.

Dá-se o nome de personagem a esse sujeito antropomorfizado ao qual se referem as ações da narrativa. É ela quem sofre as mudanças de estado, quem está em busca de valores com os quais quer entrar em conjunção ou, por ação de algo ou de alguém, se ver privada deles.

A personagem em torno da qual a narrativa se desenvolve é chamada de protagonista ou personagem principal. Se houver uma outra personagem que se opõe ao protagonista, será chamada de antagonista. O caráter enxuto do conto implica que não costuma haver um número grande de personagens nesse gênero, ficando a narrativa restrita às personagens principais.

Tempo: tudo o que acontece ocorre no tempo. Com as ações que se referem a personagens, não é diferente: elas também sucedem no tempo, ou seja, umas vêm após as outras numa progressão. Há sempre um *antes* e um *depois*. Nas narrativas, o tempo é marcado por elementos gramaticais, como os verbos e advérbios de tempo. Mas que tempo é esse da narrativa?

O acontecimento narrado (fábula ou diegese) pode estar situado num tempo passado, presente ou futuro, que são tempos linguísticos, isto é, são construídos discursivamente tendo por referência a enunciação, que é o ato de dizer. Assim, considera-se que o tempo é presente quando é concomitante à enunciação. O presente é o *agora*. Se o tempo não for concomitante à enunciação (o *então*), tem-se o pretérito (passado), caso haja anterioridade à enunciação, e o futuro, se houver posterioridade em relação à enunciação, como mostra o esquema a seguir:

Agora é necessário fazer a distinção entre fábula ou diegese e enredo ou trama. A fábula, como afirmei, é a história propriamente dita. Quando se conta para alguém um filme a que se assistiu ou um conto que se leu, o que se reproduz é a fábula, isto é, a história em si. Costuma-se deixar de lado os recursos que o diretor, no caso do filme, ou o narrador, no caso do conto, usou para contar a história.

Na fábula, os acontecimentos se desenvolvem no tempo um após o outro, do passado para o presente, ou seja, num tempo cronológico, que é um tempo físico, objetivo e mensurável.

Diferentemente da fábula, há a trama, o modo como o narrador apresenta os acontecimentos ao leitor. Em síntese: a trama é como o leitor toma conhecimento da fábula. O narrador pode optar por não apresentar ao leitor os eventos na ordem em que ocorreram realmente, subvertendo a ordem cronológica para narrar um fato que ficou no passado (*flash back*) ou antecipar para o leitor algum fato futuro. Essas quebras na ordem cronológica da história recebem o nome de anacronias. Em síntese: a fábula é o que se conta; a trama é como se conta.

Há também um tempo psicológico, vivido interiormente pela personagem. Trata-se de um tempo subjetivo que não coincide com o tempo cronológico. É frequente nas narrativas de caráter psicológico.

Espaço: trata-se do lugar ou ambiente onde ocorre a história e em que as personagens circulam. Ao contrário do tempo, que sempre está explicitado na narrativa, o espaço pode não vir explicitado. A explicitação é feita pelos advérbios de lugar (*aqui*, *lá* etc.) e pelas expressões adverbiais de lugar (*numa floresta*, *em Tubiacanga*, *no quarto*, *na sala* etc.).

O espaço pode ser mais aberto (*uma floresta, uma cidade*) ou mais fechado (*uma sala, um vagão de trem*). Nos exemplos apresentados, o espaço é físico, mas a narrativa pode se desenrolar num espaço social, como o de uma narrativa que se ambiente, por exemplo, numa favela, em que se enfatiza não o meio físico, mas o social. Em narrativas mais intimistas, costuma-se ter o espaço psicológico. Nesse caso, o espaço corresponde ao mundo interior da personagem.

Interdiscursividade

Os textos mantêm relação com outros com os quais dialogam. A isso, dá-se o nome de intertextualidade. Ocorre quando um texto incorpora outro, numa relação de concordância ou de discordância. Num trabalho acadêmico, normalmente se estabelecem relações intertextuais a fim de confirmar um determinado ponto de vista. Num debate, costuma-se trazer o texto do outro a fim de contestá-lo, desqualificando-o.

Interdiscursividade, como o próprio nome indica, tem a ver com discurso. Não há um único conceito de discurso. Dependendo da corrente teórica adotada, têm-se conceituações diferentes.

Discurso pode ser entendido como sinônimo de enunciado, isto é, a realização da língua por meio de um ato de vontade de um sujeito, o enunciador. Na distinção que Saussure faz entre língua e fala, o discurso corresponde à fala.

O termo discurso tem um outro sentido, que vai além da materialidade linguística do enunciado, já que leva em conta não apenas o texto, mas também o contexto sócio-histórico que o determina, isto é, o texto acrescido de suas condições de produção e de recepção. Nesse caso, o termo discurso designa o sistema que permite produzir um conjunto de textos, ou o próprio conjunto de textos produzidos.

No discurso de *um* sempre estará presente o *outro*, ou seja, todo discurso é marcado pela heterogeneidade, uma vez que é condição do discurso se constituir por oposição a outros. Como traz em si a presença do outro, o discurso se caracteriza por ser a reunião de diferentes vozes, que podem estar mostradas ou não no texto.

Heterogeneidade

A ideia de que o sujeito é autônomo ao produzir o discurso é uma falácia, pois o discurso não é homogêneo, já que nele há a presença de outras vozes, produzidas por outras fontes enunciativas. O discurso é, pois, constituído por uma pluralidade de vozes. A isso damos o nome de polifonia, palavra proveniente do grego, formada por *poli* = muitas, várias e *fonia* = voz.

Quando alguém afirma que *não assiste ao* BBB, duas vozes emergem desse enunciado, que exprime dois pontos de vista distintos. A voz do enunciador, que nega assistir ao Big Brother Brasil, se contrapõe à voz daqueles que assumem assistir ao programa. Em outros termos, a negação se opõe a uma afirmação precedente.

Esse exemplo ilustra que, no discurso, há a presença de vozes que podem exprimir pontos de vista, ideologias e crenças diferentes. O discurso de um se constitui polemicamente em relação ao discurso do outro. Ao dizer que não assiste ao BBB, o enunciador sanciona negativamente os valores veiculados por esse tipo de programa, num discurso que se opõe ao daqueles que são simpatizantes de *reality shows*.

Tome-se outro exemplo bem simples. Você certamente conhece a fábula "A cigarra e a formiga", atribuída a Esopo. Em síntese, ela nos conta que, durante o verão, enquanto a formiga trabalhava duro, a cigarra vivia cantando. Quando chega o inverno, ela se vê sem alimentos, enquanto a formiga tinha alimento de sobra por ter trabalhado pesado durante o verão.

O discurso da fábula se constitui como uma valorização do trabalho e da previdência, que se opõe ao que valoriza viver o agora sem se preocupar com o que possa acontecer no futuro. São duas vozes que polemizam, porque veiculam valores opostos; uma, figurativizada na formiga; outra, na cigarra. Ao assumir um valor para condenar outro, a fábula tem um caráter pedagógico moralizante.

Nesses exemplos, a heterogeneidade é chamada de dialogismo. Para o teórico russo Mikhail Bakhtin, o dialogismo é constitutivo da linguagem humana, uma vez que na voz de um enunciador se faz ouvir a voz do outro. Assim, Bakhtin refuta a ideia de autonomia do discurso, vale dizer, o sujeito falante não é a única fonte de seu dizer.

O conto "Vestida de preto", de Mário de Andrade, começa assim: "Tanto andam agora preocupados em definir o conto que não sei bem si o que vou contar é conto ou não, sei que é verdade". Na voz do narrador do conto, emerge outra voz: a daqueles que andam preocupados em definir o que seja um conto, embora não os nomine, valendo-se de um sujeito indeterminado (*andam*).

Nos exemplos apresentados, a heterogeneidade não está mostrada no texto, ou seja, não há identificação da outra voz com a qual o discurso dialoga. Há casos, porém, em que ocorre essa identificação. Quando isso acontece, temos heterogeneidade mostrada.

Nessa forma de heterogeneidade, a voz do outro é localizável na cadeia do discurso daquele que enuncia, ou seja, a voz do outro se explicita, se mostra. Nesse

72 Da leitura literária à produção de textos

caso, ao contrário da heterogeneidade constitutiva, a presença da voz do outro é intencional. Interessa por ora apenas três formas de heterogeneidade mostrada: o *discurso direto*, o *discurso indireto* e as *aspas*.

Discurso direto

Ocorre discurso direto quando o enunciador delega a voz a outrem, que se expressa com suas próprias palavras. A voz do outro é introduzida por um verbo de elocução (*dizer, responder, afirmar, concordar* etc.) seguida de dois-pontos, parágrafo e travessão. Observe este trecho do conto "A caolha", de Júlia Lopes de Almeida.

> A caolha levantou-se e, fixando o filho com uma expressão terrível, respondeu com doloroso desdém:
>
> – Embusteiro! o que você tem é vergonha de ser meu filho! Saia! Que eu já sinto vergonha de ser mãe de semelhante ingrato!

(Almeida, 2001: 53)

No primeiro período, tem-se a voz de um narrador em 3ª pessoa (ele fala da caolha), que delega voz à caolha que se expressa por sua própria voz, ou seja, valendo-se da 1ª pessoa (*eu*). Como a linguagem é dialógica, esse *eu* constitui um *tu/você* a quem se dirige. Observe as marcas linguísticas de 1ª pessoa (*meu, eu, sinto*) e as que se referem àquele com quem fala (*você, saia*).

No discurso direto, a fala da personagem deve ser reproduzida da forma como ela realmente fala, ou seja, a variedade de língua a ser empregada é a da personagem, com todos os seus modismos linguísticos. As indicações de tempo e de espaço devem ser feitas em função do contexto da personagem e não do contexto do narrador.

Discurso indireto

Ocorrerá discurso indireto quando o enunciador incorporar à sua a voz do outro, vale dizer, o enunciador reproduz com suas próprias palavras o discurso do outro. Assim como no discurso direto, a voz do outro é introduzida por um verbo de elocução, seguido de uma conjunção (geralmente *que*) e de uma oração subordinada. Nesse caso, ao contrário do discurso direto, a voz do outro não é expressa em 1ª pessoa, mas em 3ª. Observe este trecho do conto "Uma vela para Dario", de Dalton Trevisan.

O senhor gordo repete que Dario sentou-se na calçada, separando a fumaça do cachimbo, encostava o guarda-chuva na parede. Mas não se vê guarda-chuva ou cachimbo a seu lado.

(Trevisan, 2001: 279)

Quem conduz o fio narrativo é a voz de um narrador observador. A narrativa é feita em 3ª pessoa. Na fala do narrador está presente a fala do senhor gordo, "Dario sentou-se na calçada, separando a fumaça do cachimbo, encostava o guarda-chuva na parede", precedida do verbo de elocução *repete* e introduzida pela conjunção *que*. Nesse trecho, em discurso indireto, toma-se contato com o que senhor gordo disse, não diretamente, isto é, pela sua própria voz; mas, indiretamente, pela voz do narrador que narra o que o senhor gordo falou.

No discurso indireto, o fato de a fala da personagem ter sido incorporada à do narrador implica que a variedade linguística empregada seja a do narrador e não a da personagem. As indicações temporais e espaciais serão feitas em função do contexto do narrador e não do da personagem. Guarde bem: nesse tipo de discurso não é a personagem que fala, é o narrador que diz ao leitor o que a personagem falou.

Veja, no exemplo que segue, as modificações que ocorrem na passagem do discurso direto para o indireto.

Discurso direto:
João disse a Pedro:
– Amanhã, estarei aqui novamente.

Discurso indireto:
João disse a Pedro que no dia seguinte estaria ali novamente.

Note as transformações ocorridas na fala da personagem João: o que era futuro do presente (*estarei*) passa a futuro do pretérito (*estaria*); o que estava em 1ª pessoa (*eu estarei*) passa a 3ª (*ele estaria*). O advérbio *amanhã* desaparece e, em seu lugar, aparece a expressão adverbial *no dia seguinte*; o advérbio *aqui* é substituído pelo advérbio *ali*, uma vez que agora as indicações de tempo e de lugar são feitas a partir do contexto do narrador e não do da personagem.

As formas apresentadas de discurso direto podem sofrer variações. O verbo de elocução pode não anteceder a voz do outro, mas estar depois dela, nela intercalada ou até mesmo não estar presente. Observe:

74 Da leitura literária à produção de textos

Nesse momento, uma menina loura com um guarda-chuva a pingar apareceu, espiou o vagão, caminhou para outro, entrou. O rapaz pôs-se de pé logo.

– Adeus.
– Saltas aqui?
– Salto.
– Mas que vais fazer?
– Não posso, deixa-me! Adeus!

(Rio, 2001: 48)

No primeiro parágrafo, há a voz de um narrador em 3ª pessoa, que, em seguida, outorga a voz a duas personagens que mantêm um diálogo rápido entre si. Não há, no caso, verbo de elocução para introduzir as falas das personagens, o que confere dinamicidade ao diálogo, produzindo um efeito de sentido de realidade. A presença de verbos de elocução "travaria" o texto, quebrando o efeito de realidade do diálogo. Veja agora outros exemplos:

Não é hora de trabalhar. Vamos pra dentro – disse, puxando-a pelo braço, a rudeza do gesto agredindo a galhardia da voz.

(Azevedo, 2014: 4)

Nesse trecho, o verbo de elocução (*disse*) vem após a fala da personagem.

Um ajudante de ordem veio dizer-lhe que voltasse outro dia.
– Trata-se – respondeu gaguejando – de um telegrama que enviei há muito tempo ao sr. Presidente.
– Seu nome? – perguntou o ajudante de ordens.
– Queira ter a bondade de dizer a S. Exa. que se trata de João Ataxerxes, seu antigo colega de infância... O Xerxes... V.Sa. poderá dizer-lhe que é o Xerxes.

(Machado, 2010: 198)

No trecho, reproduz-se um diálogo entre dois interlocutores, João Ataxerxes e o ajudante de ordens de uma autoridade (S.Exa.).

No primeiro parágrafo, há duas vozes: a de um narrador em 3ª pessoa e a do ajudante de ordem em discurso indireto. O narrador, com suas próprias palavras, relata o que o ajudante de ordens disse a Ataxerxes.

No segundo parágrafo, tem-se a voz da personagem Ataxerxes reproduzida em discurso direto, com o verbo de elocução *respondeu* intercalado na fala da personagem. No terceiro, a voz do ajudante de ordens em discurso direto, com o verbo de elocução *perguntou* colocado após a fala da personagem. No quarto parágrafo, a fala de Ataxerxes sem verbo de elocução.

As aspas

As aspas constituem um recurso gráfico para marcar a voz do outro. Nesse caso, o enunciador se posiciona em relação ao enunciatário como alguém que não assume como seu o que está isolado entre aspas.

Nos trechos a seguir, as aspas demarcam e mostram uma outra voz que emerge no texto. No primeiro exemplo, a voz do pai; no segundo, a de outras pessoas que diziam algo sobre duas amigas.

> Inconsciente da vida que lhe fora entregue, a galinha passou a morar com a família. A menina, de volta ao colégio, jogava a pasta longe sem interromper a corrida para a cozinha. O pai de vez em quando ainda se lembrava: "E dizer que a obriguei a correr naquele estado!"

(Lispector, 2016b: 158)

> As duas eram tão inseparáveis quanto seus maridos, colegas de escritório. Até ter filhos juntas conseguiram, acreditasse quem quisesse. Tão gostoso, ambas no hospital. A semelhança teria contribuído para o perfeito entendimento? "Imaginava que fosse irmãs", muitos diziam, o que sempre causava satisfação.

(Steen, 2001: 447)

TEXTOS COMENTADOS

O texto que você vai ler foi escrito por Graciliano Ramos.

> Deve-se escrever da mesma maneira como as lavadeiras lá de Alagoas fazem seu ofício. Elas começam com uma primeira lavada, molham a roupa suja na beira da lagoa ou do riacho, torcem o pano, molham-no novamente, voltam a torcer. Colocam o anil, ensaboam e torcem uma, duas vezes.
> Depois enxáguam, dão mais uma molhada, agora jogando a água com a mão. Batem o pano na laje ou na pedra limpa, e dão mais uma torcida e mais outra, torcem até não pingar do pano uma só gota.

> Somente depois de feito tudo isso é que elas dependuram a roupa lavada na corda ou no varal, para secar. Pois quem se mete a escrever devia fazer a mesma coisa. A palavra não foi feita para enfeitar, brilhar como ouro falso; a palavra foi feita para dizer.
>
> > (Graciliano Ramos, em declaração a uma entrevista em 1948. Disponível em: <www.graciliano.com.br>. Acesso em: 17 jan. 2018)

A leitura de bons contos tem sempre muito a nos ensinar, mas gostaríamos de chamar a atenção sobre uma qualidade do bom texto que sempre encontramos nos bons autores: a concisão.

Concisão opõe-se à prolixidade. Ser conciso é ser objetivo, é ir direto ao assunto, é ater-se ao essencial, para usar uma expressão popular, é "não encher linguiça". Quando se começa a usar mais palavras do que o necessário para exprimir uma ideia, quando se fica dando voltas e não se consegue sintetizar as ideias, temos prolixidade, o que deve ser evitado. As palavras devem ser utilizadas para exprimir nossas ideias e não para enfeitar o texto ou rebuscá-lo a fim de querer passar uma imagem de erudição. Não se deve confundir, no entanto, concisão com superficialidade. Veja a propósito o que diz William Strunk Jr. em seu livro *The Elements of Style*.

A escrita vigorosa é concisa.

> Uma frase não deve conter palavras desnecessárias assim como um parágrafo não deve conter frases desnecessárias, pela mesma razão que uma pintura não deve ter linhas desnecessárias e uma máquina não deve ter peças desnecessárias.
>
> Isso não significa que o escritor deva apenas criar frases curtas, evitar todos os detalhes ou tratar dos assuntos superficialmente, mas significa que cada palavra deve dizer algo.
>
> > (Strunk Jr., 2018: 133)

Compare agora as duas redações a seguir.

> A árvore, oca por dentro, era muito elevada, tinha vinte metros de altura total, do chão ao topo: estava, por esta razão, prestes a cair, daí a instantes, para baixo.

> A árvore oca era muito elevada, tinha vinte metros de altura: estava, por esta razão, prestes a cair.

A primeira é prolixa, tem 30 palavras. Na segunda, enxugou-se o texto, eliminando-se tudo o que é desnecessário, tornando-o conciso. O texto reformulado ficou com 18 palavras.

> Uma das formas de se obter concisão consiste em transformar expressões formadas de verbo + substantivo em um verbo da mesma raiz do substantivo. Prefira: *Comentar* em vez de *tecer um comentário*; *opinar* em vez de *dar uma opinião*; *sugerir* em vez de *deixar uma sugestão*, *distinguir* em vez de *fazer a distinção*.
>
> Outra consiste em evitar repetições desnecessárias, como "em ganhe *grátis*"; "exigiram a reversão *total* de todas as demissões"; "as contas mostram um superávit *positivo*"; "o vencedor foi um alagoano *de Alagoas*"; "fazia projetos *para o futuro*"; "há dois anos *atrás*", "como já disse *anteriormente*"...

Graciliano Ramos, que também escreveu contos, dá a receita para a produção de um bom texto. Como você pode observar, trata-se de um texto figurativo em que se encadeiam figuras ligadas ao tema da limpeza, como *lavadeiras*, *roupa suja*, *lagoa*, *riacho*, *torcer*, *pano*, *molhar*, *anil*, *ensaboar*, *enxaguar*, *varal* etc.

Um bom texto deve ser, antes de mais nada, coerente. A coerência decorre da reiteração dos temas e da recorrência das figuras. As figuras revestem temas. E qual o tema do texto de Graciliano? Não são as lavadeiras nem o ato de lavar roupas, evidentemente, mas o ato de escrever.

O autor aproxima no texto dois atos aparentemente distintos: lavar e escrever, comparando-os. Se ele compara, é porque vê semelhanças entre ambos. A compreensão do texto implica perceber essas semelhanças. Por recorrer a figuras, Graciliano produz um texto concreto; vendo como fazem as lavadeiras, aprende-se uma lição: como se deve proceder ao escrever um texto. E que lição é essa? Escrever é um trabalho que exige depuração. Depurar significa limpar. Como as lavadeiras tiram a sujeira da roupa num trabalho de esforço e paciência, assim deve proceder aquele que escreve, limpando o texto de suas impurezas. E quais são essas impurezas que sujam o texto? Neste capítulo, chamei a atenção para uma delas: a prolixidade, a verborragia, o falar excessivo. E como se faz isso?

Com trabalho, com a reescrita. A primeira versão de um texto sempre apresenta sujeiras. Precisa ser limpa, portanto. Há muita gente que acredita que para escrever é preciso inspiração. Parodiando Thomas Edison, escrever exige 10% de inspiração e 90% de transpiração. A inspiração existe sim, mas ela vem com muito trabalho.

Outro autor nordestino, João Cabral de Melo Neto, também se vale de uma comparação para definir o ato de escrever, associando-o ao ato de catar feijão. Leia os primeiros versos.

Catar feijão se limita com escrever:
joga-se os grãos na água do alguidar
e as palavras na folha de papel;
e depois, joga-se fora o que boiar.

(Melo Neto, 1998: 346-7)

Chamo sua atenção para o fato de o poeta se valer de figuras para falar do tema (o ato de escrever), o que dá ao texto um caráter concreto. Na comparação entre escrever e catar feijão, o que emerge é exatamente a ideia de que se deve jogar fora o que é inaproveitável, sejam grãos de feijão ou palavras. Em outro poema, "O ferrageiro de Carmona", João Cabral dá a receita: "a voz não deve ter diarreia".

Finalizando a seção, relembro que ser conciso é ser direto, objetivo, é ir ao essencial, eliminando o supérfluo. Para aproveitar uma figura do campo das lavadeiras: é ser enxuto. Escreva seu texto como fazem as lavadeiras de Alagoas: ele só estará pronto quando dele não pingar mais uma gota, ou seja, quando todo o excesso for eliminado.

FECHANDO O CAPÍTULO

O dialogismo é constitutivo de qualquer discurso; pois todo discurso é atravessado por outros. Isso significa que os textos que você produz ou lê caracterizam-se pela heterogeneidade, seja ela constitutiva (dialogismo) ou mostrada. Adiante, nesta conclusão, você verá que inseri outras vozes que endossam meu ponto de vista: as citações textuais de Graciliano Ramos e de Anton Tchekhov.

Trabalhos acadêmicos, artigos de opinião, editoriais e outros textos da esfera não literária também se caracterizam por apresentar um feixe de vozes. Um artigo de opinião, por exemplo, se constrói para refutar ou aderir a um discurso preexistente. Num relatório, numa dissertação ou num artigo acadêmico, você dará voz a outros discursos que atravessarão o seu. Observe os *posts* nas redes sociais. Novos *posts* são escritos a partir de outros. Alguém posta algo; em seguida, outros se manifestam em novos *posts* para concordar ou refutar, criando uma verdadeira arena em que se manifestam valores ideológicos de todos os vieses. O discurso de um entra na corrente de discursos e o rio vai se tornando cada vez mais caudaloso.

A partir das reflexões apresentadas e dos textos comentados, encerramos esta seção com uma pergunta: em que a leitura de bons contos pode nos ajudar a produzir bons textos?

O conto, como vimos, é uma narrativa condensada, enxuta e, portanto, deve primar pela concisão. Nele, elimina-se tudo o que é acessório. Um bom conto é aquele em que nada sobra e nada falta. Toda informação veiculada tem de ter uma função, não pode estar solta, jogada. Um dos maiores contistas, Anton Tchekhov, referindo-se ao conto, afirma que "se no conto aparecer uma espingarda, ela tem de disparar", o que significa que nada no conto deve estar lá por acaso.

Bons contos lhe servirão de modelo para a produção de textos concisos, lembrando que a concisão é uma qualidade a ser buscada em qualquer tipo de texto, sejam eles narrativos, expositivos ou argumentativos.

Como disse no capítulo anterior: use a regra dos 10%. Depois de pronto seu texto, releia-o observando se há informações desnecessárias e/ou redundantes. Enxugue os períodos longos, evite digressões extensas. Se você fizer isso, observará que pelo menos 10% do que consta de seu texto pode ser eliminado sem prejuízo algum ao sentido e, com isso, seu texto ganhará em objetividade.

SUGESTÕES DE ATIVIDADES

1. O trecho que segue é o início do conto "Missa do galo", de Machado de Assis.

> Nunca pude entender a conversação que tive com uma senhora, há muitos anos, contava eu dezessete, ela trinta. Era noite de Natal. Havendo ajustado com um vizinho irmos à missa do galo, preferi não dormir; combinei que eu iria acordá-lo à meia-noite.
>
> A casa em que eu estava hospedado era a do escrivão Meneses, que fora casado, em primeiras núpcias, com uma de minhas primas.

    a. Caracterize o narrador.

    b. Quanto ao tempo dos acontecimentos narrados, é concomitante ou não à enunciação? Justifique.

2. O trecho a seguir foi extraído da obra *Viva o povo brasileiro*, de João Ubaldo Ribeiro. Quanto ao tempo, trata-se de uma narrativa de fato anterior ao momento da enunciação, como você pode observar pelo uso dos verbos no pretérito (*pareceu mergulhar, quedaram, especulou*).

> O escaler pareceu mergulhar e, durante um momento breve, só os chapéus de sol das mulheres quedaram visíveis acima das marolas. Perilo Ambrósio especulou que, com todos aqueles vestidos, anáguas, saiões, mantéus, justilhos e mais constru-

ções de pano e barbatanas, dificilmente, se o barco afundasse, os dois marinheiros poderiam salvá-las, inclusive Antônia Vitória, como sempre a mais enfarpelada de penduricalhos e atavios absurdos. Mas naturalmente que o escaler não afundara nem afundaria, e não gostava disso, não gostava de ter de fazer a execrável travessia para a armação de baleias em dia de mar picado [...].

a. No trecho "Mas naturalmente que o escaler não afundara nem afundaria", a que tempos se referem as duas ocorrências do verbo afundar?

b. Levando em conta que algo é passado, presente ou futuro, sempre em referência a um marco temporal, qual marco temporal serve de referência a essas duas ocorrências de afundar?

3. No trecho a seguir, extraído do conto "A fuga", de Clarice Lispector, temos uma narração em 3ª pessoa ("Mas ela não tem suficiente dinheiro para viajar"). No segundo parágrafo, no entanto, observa-se um discurso em 1ª pessoa ("Volto para casa"). Explique por que isso ocorre.

Mas ela não tem suficiente dinheiro para viajar. As passagens são tão caras. E toda aquela chuva que apanhou, deixou-lhe um frio agudo por dentro. Bem que pode ir a um hotel. Isso é verdade. Mas os hotéis do Rio não são próprios para uma senhora desacompanhada, salvo os de primeira classe. E nestes pode talvez encontrar algum conhecido do marido, o que certamente lhe prejudicará os negócios.

Oh, tudo isso é mentira. Qual a verdade? Doze anos pesam como quilos de chumbo e os dias se fecham em torno do corpo da gente e apertam cada vez mais. Volto para casa. Não posso ter raiva de mim, porque estou cansada. E mesmo tudo está acontecendo, eu nada estou provocando. São doze anos.

Entra em casa. É tarde e seu marido está lendo na cama. Diz-lhe que Rosinha esteve doente. Não recebeu seu recado avisando que só voltaria de noite? Não, diz ele.

SUGESTÕES DE LEITURAS

Que contistas ler que possam servir de modelo para a produção de textos? Uma relação de bons contistas e de bons contos ultrapassaria os limites deste livro. Alguns são considerados mestres, então você deverá lê-los. Recomendo: Anton Tchekhov, Guy de Maupassant, Edgar Allan Poe, Katherine Mansfield, Ernest Hemingway e, é claro, o nosso Machado de Assis.

A seguir, apresento algumas obras teóricas e antologias de contos para sua leitura.

Antologias

BOSI, Alfredo. *O conto brasileiro contemporâneo*: seleção de textos, introdução e notas bibliográficas por Alfredo Bosi. 16. ed. São Paulo: Cultrix, 2015.

Seleção de contos de autores contemporâneos, que ainda apresenta estudo sobre o conto brasileiro feito pelo professor Alfredo Bosi.

MAUPASSANT, Guy de. *125 Contos de Guy de Maupassant*. São Paulo: Companhia da Letras, 2009.

O conto moderno tem em Maupassant um dos seus pilares, razão pela qual a leitura de contos desse autor é obrigatória para quem quer conhecer esse gênero. Nesse volume, o leitor encontra tanto os contos clássicos de Maupassant quanto contos menos conhecidos.

MORICONI, Italo (Org.). *Os cem melhores contos brasileiros do século*. Rio de Janeiro: Objetiva, 2001.

O século a que se refere o título do livro é o XX. O título deixa claro o propósito da obra: reunir o melhor do conto brasileiro. Os contos são apresentados em ordem cronológica de publicação. No livro, além de contistas bastante conhecidos do grande público, o organizador traz contos de autores pouco divulgados. Excelente livro para quem quer ter uma visão geral da produção literária de contos do século XX.

Obras teóricas

CORTÁZAR, Julio. Alguns aspectos do conto. *Valise de Cronópio*. 2. ed. São Paulo: Perspectiva, 2011, pp. 147-63.

Cortázar não foi apenas um excepcional contista. Foi também um dos grandes teóricos do conto. Neste ensaio, apresenta uma teoria do conto e retoma os ensinamentos de Edgar Allan Poe sobre o gênero.

GOTLIB, Nádia Battella. *Teoria do conto*. 11. ed. São Paulo: Ática, 2006.

Obra didática e clara que serve como introdução teórica ao gênero conto. Obra simples, mas não simplista, pois a autora analisa com profundidade as características do gênero.

TERRA, Ernani; PACHECO, Jessyca. *O conto na sala de aula*. Curitiba: InterSaberes, 2017.

Neste livro, os autores fazem um estudo bastante profundo sobre o gênero, abarcando sua história, o conto oral e o conto escrito. Com fundamento na Semiótica do discurso, discutem as características do gênero. Há ainda análises de contos e sugestões de leituras e vídeos.

A poesia

Este capítulo é dedicado ao estudo da poesia, um gênero textual que certamente você conhece. Trata-se de uma forma de expressão bastante antiga e presente em todas as culturas. Em que a leitura de poemas pode nos ajudar na produção de nossos próprios textos? Para responder a essa pergunta, é preciso recapitular algo já dito neste livro.

Quando conceituei texto, afirmei que ele resulta da superposição de dois planos que se pressupõem: a expressão e o conteúdo. Este livro é voltado especificamente para a leitura e produção de textos verbais, aqueles cujo plano da expressão é manifestado pela linguagem verbal, ou seja, por palavras, que se combinam para formar frases, que se combinam para formar parágrafos, que se combinam para formar os textos.

A poesia é o gênero textual em que a preocupação com o plano da expressão é mais acentuada. Quem escreve poesia não está preocupado apenas com o que diz, mas também como dizer o que diz, por isso o estudo desse gênero possibilita conhecer os recursos que podem tornar qualquer texto mais expressivo. Claro que a poesia não se resume apenas ao cuidado com a expressão, pois sua leitura também nos insere no mundo da cultura letrada. Dirigindo-se ao sensível de cada um de nós, é uma forma de manifestar os grandes temas que sempre preocuparam o ser humano, como o amor, a morte, o medo etc. A leitura de poemas oferece, então, um olhar novo sobre temas universais.

POESIA: DEFINIÇÃO E CARACTERÍSTICAS

Como fiz com os gêneros crônica e conto, é necessário apresentar uma definição de poesia.

Embora as palavras *poesia* e *poema* sejam comumente empregadas como sinônimos perfeitos, há uma diferença de significado entre elas. Poesia nos remete ao ato de criar algo, de fazer alguma coisa; poema se refere ao produto acabado, ao resultado da criação. A poesia materializa-se no poema. As pessoas leem poemas para encontrar neles a poesia. Muitas vezes, leem poemas, mas não percebem a poesia neles contida. Há também poemas sem que haja poesia. O *batatinha quando nasce* é um exemplo disso. Trata-se de uma composição em versos que apresentam uma métrica regular. Todos têm sete sílabas métricas. Além disso, há rimas no final dos versos. Atentando para o aspecto estritamente formal, não há dúvida de que é um poema, mas a forma não é condição suficiente para se afirmar que nesse poema há poesia.

O poema é um gênero textual que se insere no domínio do discurso literário e se manifesta em formas diversas; algumas fixas, como o soneto, uma composição com 14 versos, agrupados em 2 quartetos e 2 tercetos; outras, livres. Embora apresentem multiplicidade de formas, há uma coisa comum que caracteriza esse gênero textual: o fato de ser uma composição em versos. Isso exerce uma função semiótica importante, pois o leitor é capaz de identificar o poema pela forma como está disposto na folha de papel ou numa tela de computador.

Uma distinção que se costuma fazer sobre os poemas é que podem ser líricos ou épicos. Os poemas épicos são narrativos e apresentam grande extensão. Denominam-se também de epopeias. Como exemplos, cito *Odisseia* e *Ilíada*, de Homero; a *Eneida*, de Virgílio; *Os Lusíadas*, de Camões. Neles, o narrador relata feitos heroicos, em 3ª pessoa. Nesse tipo de poema, o sujeito da narração, aquele sobre o qual se contam os feitos, é denominado herói épico. O poema lírico, por outro lado, está centrado na subjetividade, portanto costuma expressar a individualidade do *eu* que fala no poema, que é designado *eu lírico*. Pode estar explicitado por meio de marcas linguísticas da 1ª pessoa do discurso ou não. Nesse caso, estará escrito na 3ª pessoa.

A poesia lírica representa a realidade a partir do *pathos*, isto é, do sentir. A seguir, apresento duas estrofes de poemas líricos. No primeiro, o *eu* que fala no poema está explicitado; no segundo, as marcas linguísticas do *eu lírico* estão apagadas.

Se eu morresse amanhã
Se eu morresse amanhã, viria ao menos
Fechar meus olhos minha triste irmã;
Minha mãe de saudades morreria
Se eu morresse amanhã!

(Álvares de Azevedo)

Autopsicografia
O poeta é um fingidor.
Finge tão completamente
Que chega a fingir que é dor
A dor que deveras sente.

(Fernando Pessoa)

No primeiro exemplo, as marcas linguísticas da 1ª pessoa (*eu, minha*) conferem um efeito de sentido de subjetividade; no segundo, o eu que fala não deixa as marcas linguísticas da 1ª pessoa no enunciado. O poema é escrito em 3ª pessoa (*ele, o poeta*), o que confere ao texto um efeito de sentido de objetividade. Observe o título do poema: *Autopsicografia*. O prefixo *auto* significa de si mesmo, portanto uma autopsicografia é uma psicografia de si próprio. Isso significa que, embora escreva em 3ª pessoa, o poeta fala de si mesmo no poema. O recurso de falar de si mesmo na 3ª pessoa confere ao texto um efeito de sentido de distanciamento, de isenção, de objetividade.

Para ser considerado poesia, não é necessário que o texto apresente rimas ou regularidade no tamanho dos versos; nem que tenha uma forma fixa determinada (soneto, ode, elegia, trova etc.). Por outro lado, como já afirmei, um texto pode apresentar rimas, versos regulares, forma fixa e não ser poesia.

O que faz então um texto ser considerado poesia? De certa forma, já adiantei a resposta quando afirmei que na poesia o plano da expressão ganha maior relevância. Em outras palavras: é o uso especial que se faz da linguagem que torna o texto poético. Além disso, o ritmo é uma característica que distingue as produções poéticas das não poéticas.

Entre os recursos que conferem ritmo estão as rimas, a métrica e a sonoridade decorrente da repetição de mesmos sons. No entanto, a alternância de sílabas fracas e fortes é o principal deles. Como já disse, rima e métrica não são características obrigatórias para constituir um texto poético, pois pode haver poemas em que os

86 Da leitura literária à produção de textos

versos não rimem (versos brancos) ou não apresentem regularidade métrica, ou seja, não possuem o mesmo número de sílabas métricas (versos livres).

O ritmo é constitutivo da poesia, não há poesia se não houver ritmo. Se toda poesia tem no ritmo uma característica essencial, nos textos em prosa ele também *pode* aparecer. Ricardo Reis, um dos heterônimos de Fernando Pessoa, referindo-se ao ritmo, diz: "Na prosa o ritmo existe; na poesia o ritmo é", ou seja, enquanto na prosa o ritmo é acidental, na poesia ele é essencial. O trecho a seguir é um exemplo de ritmo na prosa. Leia-o em voz alta.

> As ancas balançam, e as vagas de dorsos, das vacas e touros, batendo com as caudas, mugindo no meio, na massa embolada, com atritos de couros, estralos de guampas, estrondos e baques, e o berro queixoso do gado junqueira, de chifres imensos, com muita tristeza, saudade dos campos, querência dos pastos de lá do sertão...

> (Rosa, 1995a: 212)

Observe a pontuação. Embora o trecho faça parte de texto em prosa, o uso das vírgulas segmenta o trecho citado, criando unidades regulares, como se fossem versos, conferindo ritmo e musicalidade.

Como afirmei no capítulo "A produção escrita", a segmentação facilita a retenção do texto na memória e, consequentemente, sua leitura e compreensão, pois nossa memória de trabalho é limitada. Veja que a segmentação, aliada ao ritmo, permite até que o texto seja decorado com facilidade. Note ainda que esses segmentos isolados por vírgulas formam "versos" com métrica regular de cinco sílabas, ou seja, formam redondilhas, um tipo de verso bastante popular.

1	2	3	4	5	
As	an	cas	ba	lan	çam
e as	va	gas	de	dor	sos
das	va	cas	e	tou	ros
ba	ten	do	com as	cau	das
mu	gin	do	no	mei	o

> Na contagem de sílabas métricas, conta-se até a última sílaba tônica de cada verso, desprezando-se as átonas que a sucedem.

O ritmo da prosa, aliado à sonoridade decorrente da repetição ordenada de fonemas semelhantes, confere ao texto caráter estético e ressalta a ideia de movimento das vacas e touros.

A LINGUAGEM POÉTICA

Volto à questão que coloquei no início deste capítulo: como a leitura de poemas pode nos ajudar para a produção de textos não literários? Relembro que o cuidado com o plano da expressão não deve ser exclusividade de textos literários. A linguagem poética pode estar presente em textos que circulam em todas as esferas: textos informativos, argumentativos e descritivos, relatórios, trabalhos escolares etc. Mas o que caracteriza a linguagem poética? Num texto que se tornou célebre, denominado "Linguística e poética", o linguista russo Roman Jakobson apresenta uma teoria bastante útil e didática que possibilita compreender a linguagem poética.

Esse linguista propõe um modelo com seis fatores envolvidos no processo de comunicação. Segundo Jakobson, o *emissor* envia uma *mensagem* a um *receptor*. A mensagem requer um *referente*, ou seja, aquilo de que se fala, e está cifrada num *código*, um conjunto de sinais partilhado entre o emissor e o receptor. Além disso, há um *canal*, ou seja, uma conexão física ou psicológica entre emissor e receptor.

No quadro que segue, reproduzo o esquema da comunicação proposto por Jakobson.

Quadro 1 – Os seis fatores da comunicação

REFERENTE
EMISSOR.................................MENSAGEM .... RECEPTOR
CANAL
CÓDIGO

Para Jakobson, a cada um desses fatores corresponde uma função da linguagem, conforme se vê no quadro a seguir.

88 Da leitura literária à produção de textos

Quadro 2 – Funções da linguagem, segundo Jakobson

Elemento da comunicação	Função da linguagem
Emissor	Emotiva
Receptor	Conativa
Canal	Fática
Código	Metalinguística
Referente	Referencial
Mensagem	Poética

Não é objetivo deste livro um estudo de todas as funções da linguagem. Se você tiver interesse em se aprofundar no tema, recomendo a leitura do texto de Jakobson. O assunto do capítulo já adianta que a preocupação recairá na função poética, que, como o próprio nome indica, será a predominante na poesia, embora, como afirmei, não seja exclusividade dela.

A compreensão da função poética da linguagem fica mais clara quando se faz uma comparação com a função referencial. Esta, como o próprio nome indica, está centrada no referente, isto é, naquilo de que se fala, no assunto, no contexto. Essa função da linguagem é a que mais está presente no dia a dia, pois a linguagem é usada, principalmente, para falar do mundo: coisas, pessoas, acontecimentos etc. Observe o trecho a seguir, extraído da obra *Texto, discurso e ensino*, de Elisa Guimarães.

> O produtor do texto tem em mente a imagem do leitor a partir do grau de conhecimento entre ambos, da idade, do sexo, das condições sociais. Desse fato resulta o processo de interação entre aquele que elabora o texto e aquele que o ouve ou lê – ambos participantes da comunicação.

> (Guimarães, 2013: 34)

Nesse trecho, a linguagem está centrada no referente, isto é, no assunto sobre o qual a autora fala: a comunicação entre aquele que produz e aquele que lê ou ouve o texto. As palavras estão empregadas em sentido próprio, isto é, ela não faz uso de linguagem figurada. Como a linguagem está centrada não nos parceiros da comunicação, o emissor e o receptor (*eu* e *tu*), mas no assunto, as marcas que identificam o emissor estão apagadas no texto. Observe que a redação é feita em 3ª pessoa, o que confere efeito de sentido de objetividade ao texto. Nesse exemplo, tem-se o uso da função referencial da linguagem.

Leia a seguir estes versos de um poema de Cruz e Souza:

Violões que choram
Ah! plangentes violões dormentes, mornos,
Soluços ao luar, choros ao vento...
Tristes perfis, os mais vagos contornos,
Bocas murmurejantes de lamento.

Noites de além, remotas, que eu recordo,
Noites da solidão, noites remotas
Que nos azuis da Fantasia bordo,
Vou constelando de visões ignotas.

Sutis palpitações à luz da lua.
Anseio dos momentos mais saudosos,
Quando lá choram na deserta rua
As cordas vivas dos violões chorosos.

Quando os sons dos violões vão soluçando,
Quando os sons dos violões nas cordas gemem,
E vão dilacerando e deliciando,
Rasgando as almas que nas sombras tremem.

Harmonias que pungem, que laceram,
Dedos nervosos e ágeis que percorrem
Cordas e um mundo de dolências geram,
Gemidos, prantos, que no espaço morrem...

E sons soturnos, suspiradas mágoas,
Mágoas amargas e melancolias,
No sussurro monótono das águas,
Noturnamente, entre ramagens frias.

Vozes veladas, veludosas vozes,
Volúpias dos violões, vozes veladas,
Vagam nos velhos vórtices velozes
Dos ventos, vivas, vãs, vulcanizadas.

(Cruz e Sousa, 1961: 124)

Nesses versos, bem como nos de "Saudade dada" que aparece no capítulo "Ler e escrever: a especificidade do texto literário", a linguagem se volta para a própria mensagem, para seu aspecto sensível. Nesses exemplos, o que se explora é, sobretudo, a carga sonora da mensagem, por meio da repetição de mesmos fonemas, conferindo ritmo ao texto. No caso, fez-se uso da função poética da linguagem. Há um referente, é claro, pois o poeta fala de algo, mas a linguagem de que ele se vale está muito mais centrada na configuração da mensagem do que naquilo a que ela se refere. Ele não apenas diz, procura também chamar a atenção do leitor para o que diz.

Cumpre lembrar que o trabalho com o componente fônico é apenas um dos meios pelos quais se manifesta a função poética da linguagem. Recursos sintáticos e semânticos também são usados para obter efeitos poéticos. Do ponto de vista sintático, as inversões da ordem da frase, a quebra da estrutura sintática e a repetição de uma mesma estrutura também são recursos comuns à função poética. Do ponto de vista semântico, deslizamentos de sentido, comparações, aproximação de palavras que se opõem pelo sentido também são usados em textos em que predomina a função poética. Observe:

> No meio do caminho tinha uma pedra
> Tinha uma pedra no meio do caminho.

(Andrade, 1973: 61)

Nesse exemplo, é no componente sintático, por meio da repetição em forma cruzada das mesmas expressões, que a função poética da linguagem emerge.

> No meio do caminho tinha uma pedra
>
> Tinha uma pedra no meio do caminho

Veja outro exemplo:

> A guerra é uma cobra que usa nossos próprios dentes para nos morder. Seu veneno circulava agora em todos os rios de nossa alma. De dia já não saíamos, de noite não sonhávamos. O sonho é o olho da vida. Nós estávamos cegos.

(Couto, 2007: 17)

Nesse exemplo, o recurso pelo qual se manifesta a função poética é de natureza semântica. Para definir guerra, o autor se vale de uma imagem expressiva, associando-a por comparação a uma cobra venenosa. Para definir sonho, a imagem usada é olho da vida. Como você pode observar, aqui as palavras não estão sendo utilizadas em seu sentido próprio. Ao significado convencional das palavras foram agregados outros, de sorte que há um excedente de sentido, o que obriga a não as ler literalmente.

Ao contrário da função referencial, que é de caráter predominantemente utilitário, na medida em que nela a linguagem está a serviço da transmissão de um saber, a função poética tem caráter estético. Nela, o sensível se manifesta acima do inteligível.

A FUNÇÃO POÉTICA NOS TEXTOS DO DIA A DIA

Na prática, dificilmente você encontrará um texto em que apareça apenas uma das funções da linguagem. O comum é a presença de várias funções, o que significa que a classificação de um texto como referencial ou poético, por exemplo, dependerá da função dominante. Ou seja, mesmo em textos referenciais, a função poética pode estar presente, embora não seja a dominante.

Se na poesia a função poética visa ao estético, em outros gêneros ela pode ser usada com valor argumentativo, isto é, o enunciador explora os recursos do plano da expressão a fim de sensibilizar o leitor, conseguindo com isso a sua adesão. No discurso publicitário, é frequente o uso da função poética com finalidades persuasivas. No capítulo "Ler e escrever: a especificidade do texto literário", chamei a atenção para duas mensagens publicitárias, a do Melhoral e a da Bayer, em que o plano da expressão era trabalhado com finalidades persuasivas.

Se a função poética vai além do "embelezamento" dos textos e pode ser usada com funções argumentativas, significa que você poderá se valer dela em qualquer tipo de texto que for produzir, já que a argumentatividade é constitutiva de todos os textos.

Ao produzir um texto, o enunciador é movido por um *fazer-crer* e um *fazer-fazer*, isto é, objetiva que o enunciatário aceite o texto, que creia nele, ou que faça algo. Isso significa que as figuras de retórica (metáforas, metonímias, antíteses etc.) não são exclusividade de textos literários, podendo estar presentes em qualquer gênero textual e até mesmo em textos não verbais. Veja este exemplo:

Esse texto não verbal apresenta linguagem figurada, na medida em que se usou o particular no lugar do geral. Ao ver o aviso, com um cigarro cortado ao meio, ninguém o interpretará que não se pode fumar cigarro, mas pode-se fumar cachimbo, charuto, cigarrilha, narguilé. No caso, empregou-se o hipônimo (cigarro) no lugar do hiperônimo (objetos usados para fumar).

Por que quem produziu a imagem optou por usar o cigarro e não um cachimbo, por exemplo? Simplesmente porque entre os diversos objetos usados para fumar, o cigarro é o mais comum.

Encerrando a seção, reforço que as figuras não são meros ornamentos do discurso, isto é, sua função não é a de simplesmente embelezar o que se diz, mas tornar o discurso mais expressivo e, portanto, persuasivo. Então, fique à vontade para fazer uso delas em seus textos.

TEXTOS COMENTADOS

Comento a seguir dois textos: um poema e um texto em prosa.

Texto 1

A meu pai doente

Para onde fores, Pai, para onde fores,
Irei também, trilhando as mesmas ruas...
Tu, para amenizar as dores tuas,
Eu, para amenizar as minhas dores!

Que coisa triste! O campo tão sem flores,
E eu tão sem crença e as árvores tão nuas
E tu, gemendo, e o horror de nossas duas
Mágoas crescendo e se fazendo horrores!

Magoaram-te, meu Pai?! Que mão sombria,
Indiferente aos mil tormentos teus
De assim magoar-te sem pesar havia?!

– Seria a mão de Deus?! Mas Deus enfim
É bom, é justo, e sendo justo, Deus,
Deus não havia de magoar-te assim!

(Anjos, 1971: 133)

Trata-se de um poema lírico, em que o *eu* se explicita no texto pelas marcas gramaticais da 1ª pessoa ("Irei", "Eu"). A instalação de um *eu* constitui um *tu* a quem o *eu* se dirige. No poema, esse *tu* é o Pai: "Para onde (tu) fores, Pai, para onde fores".

Quanto ao aspecto formal, trata-se de um soneto. São quatro estrofes, as duas primeiras com quatro versos (quartetos); as duas últimas com três (tercetos). Os versos são metrificados, isto é, apresentam todos o mesmo número de sílabas. São decassílabos, possuem dez sílabas métricas. Há também rimas. Nos quartetos, o primeiro verso rima com o quarto (*fores/dores*; *flores/horrores*) e o segundo com o terceiro (*ruas/tuas*; *nuas/duas*). Nos tercetos, o primeiro rima com o terceiro (*sombria/havia*; *enfim/assim*) e o segundo verso do primeiro terceto rima com o segundo do quarto (*teus/Deus*).

É no plano da expressão que as características do texto poético mais saltam à vista. Atente à sonoridade. As vogais fechadas, especialmente *o*, *e* e *u* (*fores, dores, flores, horror, horrores, tormentos, eu, meu, amenizar, pesar, Deus, tu, justo*), e os sons nasais (*onde, também, trilhando, campo, crença, gemendo, crescendo, fazendo, sombria, indiferente, tormentos*), presentes no plano da expressão, reforçam os temas da tristeza e da dor, que fazem parte do plano do conteúdo. Assim, a expressão, como costuma ocorrer nos textos poéticos, não é mera expressão, mas é também conteúdo.

Texto 2

Canudos não se rendeu

Fechemos este livro.

Canudos não se rendeu. Exemplo único em toda a história, resistiu até o esgotamento completo. Expugnado palmo a palmo, na precisão integral do termo, caiu no dia 5, ao entardecer, quando caíram os seus últimos defensores, que todos morreram. Eram quatro apenas: um velho, dois homens feitos e uma criança, na frente dos quais rugiam raivosamente cinco mil soldados.

Forremo-nos à tarefa de descrever os seus últimos momentos. Nem poderíamos fazê-lo. Esta página, imaginamo-la sempre profundamente emocionante e trágica; mas cerramo-la vacilante e sem brilhos.

Vimos como quem vinga uma montanha altíssima. No alto, a par de uma perspectiva maior, a vertigem...

Ademais, não desafiaria a incredulidade do futuro a narrativa de pormenores em que se amostrassem mulheres precipitando-se nas fogueiras dos próprios lares, abraçadas aos filhos pequeninos?...

94 Da leitura literária à produção de textos

> E de que modo comentaríamos, com a só fragilidade da palavra humana, o fato singular de não aparecerem mais, desde a manhã de 3, os prisioneiros válidos colhidos na véspera, e entre eles aquele Antônio Beatinho, que se nos entregara, confiante – e a quem devemos preciosos esclarecimentos sobre esta fase obscura da nossa história?
>
> Caiu o arraial a 5. No dia 6 acabaram de o destruir, desmanchando-lhe as casas, 5200, cuidadosamente contadas.

(Cunha, 2000 [1902]: 514)

Trata-se do penúltimo capítulo do livro *Os sertões*, em que Euclides da Cunha relata o final do arraial de Canudos, no sertão da Bahia, destruído pelas forças da República. Em *Os sertões*, o tema é a Guerra de Canudos, que Euclides da Cunha fora cobrir como correspondente do jornal *O Estado de S. Paulo*. Não se trata, pois, de um texto ficcional. Euclides relata os fatos que observou, procurando transmiti-los de forma objetiva, apoiando-se inclusive nos conhecimentos científicos da sua época. A classificação de *Os sertões* como obra literária deve-se, sobretudo, ao tratamento dado pelo autor ao plano da expressão.

Ao contrário do restante da obra, neste penúltimo capítulo, o autor abandona o discurso objetivo que vinha fazendo em 3ª pessoa e muda o foco para a 1ª pessoa, como se pode observar pelas marcas do enunciador no enunciado ("Fechemos", "Forremo-nos", "poderíamos fazê-lo" e outras formas verbais de 1ª pessoa).

Se há um sujeito que fala, há um *tu/você* a quem se dirige. Como ele não está explicitado no texto, é identificado com o leitor virtual. Note que, embora haja um *eu* que fala, ele usa a forma gramatical do plural (*nós*). Ressalto que *nós* não é o plural de *eu*, mas um *eu* ampliado. Esse *nós* que fala no texto corresponde ao *eu* que fala mais o *tu* leitor. Há, pois, uma estratégia de cumplicidade do enunciador para com o leitor. Isso é reforçado pelas perguntas que o primeiro dirige ao segundo, como se estivesse dialogando com ele. Quando se faz uma pergunta é porque se quer obter uma resposta. No entanto, não é isso o que ocorre no texto. Se você observar essas duas perguntas que constituem o quinto e o sexto parágrafos, notará que o enunciador não as formula para obter uma resposta, mas para estimular a reflexão do leitor. São as chamadas perguntas retóricas, cuja função é argumentativa.

Outro recurso de que se vale o autor é de o da preterição, isto é, o enunciador diz que não quer dizer algo, no entanto diz claramente o que diz não querer dizer. Fiorin (2014: 85) afirma o seguinte sobre essa figura de retórica: "O que se faz na preterição é enunciar que não se vai tratar de um assunto, quando, realmente, é exatamente dele que se está falando". No terceiro parágrafo, há a seguinte afirmação: "Forremo-nos à tarefa de descrever os seus últimos momentos". Forrarse aí tem o sentido de "livrar-se", "esquivar-se". O enunciador diz que não quer descrever, mas é justamente o que faz. Em seguida, afirma que não poderia fazer, mas faz o oposto disso. O texto, como se pode notar, é bastante persuasivo.

Nesse capítulo de *Os sertões*, a narração do final do arraial de Canudos é contada numa linguagem que se volta para a própria mensagem, há uma sensibilização do leitor por meio da linguagem, de sorte que ele não apenas toma conhecimento do que aconteceu com Canudos, mas também é levado a sentir a indignação e a revolta que o enunciador sentiu ao ver aquela cena.

FECHANDO O CAPÍTULO

Os textos resultam da união indissolúvel de um conteúdo e de uma expressão, sendo esta a materialização daquele. Nos textos poéticos, a expressão tem caráter relevante, na medida em que a linguagem se volta para a própria mensagem, conferindo-lhes esteticidade. Nesse tipo de texto, a atenção do leitor é despertada para o caráter sensível da mensagem, de sorte que os textos poéticos não se dirigem apenas ao racional, ao inteligível, mas voltam-se também ao sensível.

Chamei sua atenção para o fato de que o trabalho com o plano da expressão dos textos e o uso da função poética da linguagem não são exclusividade dos textos poéticos; estão presentes também nos textos em prosa, embora menos frequentemente, em anúncios publicitários, em letras de canções, em *slogans* e ditados populares. Ressaltei ainda que o ritmo, característica constitutiva dos textos poéticos, pode ser usado nos textos em prosa com funções expressivas.

SUGESTÕES DE ATIVIDADES

1. O trecho a seguir foi extraído do livro *Memórias do cárcere*, de Graciliano Ramos. O autor se vale de um recurso de linguagem que confere expressividade ao texto, reforçando seu caráter argumentativo. Comente esse recurso.

Que nos poderia acontecer? Seríamos postos em liberdade ou continuaríamos presos. Se nos soltassem, bem: era o que desejávamos. Se ficássemos na prisão, deixar-nos-iam sem processo ou com processo. Se não nos processassem, bem: à falta de provas, cedo ou tarde nos mandariam embora. Se nos processassem, seríamos julgados, absolvidos ou condenados. Se nos absolvessem, bem: nada melhor, esperávamos. Se nos condenassem, dar-nos-iam pena leve ou pena grande. Se se contentassem com a pena leve, muito bem: descansaríamos algum tempo sustentados pelo governo, depois iríamos para a rua. Se nos arrumassem pena dura, seríamos anistiados, ou não seríamos. Se fôssemos anistiados, excelente: era como se não houvesse condenação. Se não nos anistiassem, cumpriríamos a sentença ou morreríamos. Se cumpríssemos a sentença, magnífico: voltaríamos para casa. Se morrêssemos, iríamos para o céu ou para o inferno. Se fôssemos para o céu, ótimo: era a suprema aspiração de cada um. E se fôssemos para o inferno? A cadeia findava aí. Realmente. Realmente ignorávamos o que nos sucederia se fôssemos para o inferno. Mas ainda assim não convinha alarmar-nos, pois essa desgraça poderia chegar a qualquer pessoa, na Casa de Detenção ou fora dela.

(Ramos, 2011: 219)

2. Tenho insistido neste livro que se pode desenvolver muito a capacidade de escrever textos a partir da leitura de textos literários. Ressaltei ainda que os textos se constroem a partir de outros com os quais dialogam.

O trecho a seguir foi escrito pelo cronista José Roberto Torero. Leia-o e aponte que recurso Torero tomou emprestado ao texto de Graciliano Ramos.

Das duas, uma

Amanhã, domingo, das duas, uma: ou você assiste a um jogo ou a um filme qualquer. Se você vê o filme, tudo bem. Mas se vê o jogo, das duas, uma: ou você torce para um dos times ou fica indiferente.

Se você fica indiferente, tudo bem. Mas se torce, das duas, uma: ou você pega uma almofada para socar ou rói as unhas.

(Torero, 2001: 81)

3. O que você vai ler a seguir foi extraído do romance *Mayombe*, do escritor angolano Pepetela.

Eu, o narrador, sou teoria

Nasci na gabela, na terra do café. Da terra recebi a cor escura do café, vinda da mãe, misturada ao branco defunto do meu pai, comerciante português. Trago em mim o inconciliável e este é o meu motor. Num Universo de sim ou não, branco ou negro, eu represento o talvez. Talvez é não para quem quer ouvir sim e significa sim para quem espera ouvir não. A culpa será minha se os homens exigem a pureza e recusam as combinações? Sou eu que devo tornar-me em sim ou em não? Ou são os homens que devem aceitar o talvez? Face a este problema capital, as pessoas dividem-se aos meus olhos em dois grupos. É bom esclarecer que raros são os outros, o Mundo é geralmente maniqueísta.

(Pepetela, 2013:14)

Trata-se de texto em prosa. Embora narrado em 1ª pessoa (o narrador fala de si próprio, como numa autobiografia), pode-se afirmar que a função da linguagem dominante é a poética e não a emotiva. Justifique essa afirmação, comentando os recursos de linguagem usados que manifestam o caráter sensível da mensagem. Em outras palavras, justifique por que esse texto tem valor estético.

4. Chamei a atenção para o fato de que os recursos de estilo não são apenas ornamentos do discurso, ou seja, eles não estão presentes nos textos apenas para embelezá-los. As chamadas figuras de retórica cumprem um papel essencial, que é o de dar argumentatividade aos textos, isto é, seu emprego tem por finalidade levar o enunciatário a aceitar o texto.

A seguir, transcrevo um trecho do *Sermão do Mandato*, do padre Antônio Vieira. Leia-o e comente os recursos de estilo que dão argumentatividade ao texto e explique por que, levando em conta o gênero, o autor se vale de um tipo de texto em que predomina a argumentação.

> O primeiro remédio que dizíamos é o tempo. Tudo cura o tempo, tudo faz esquecer, tudo gasta, tudo digere, tudo acaba. Atreve-se o tempo a colunas de mármore, quanto mais a corações de cera! São as afeições como as vidas, que não há mais certo sinal de haverem de durar pouco, que terem durado muito. São como as linhas que partem do centro para a circunferência, que, quanto mais continuadas, tanto menos unidas. Por isso os antigos sabiamente pintaram o amor menino, porque não há amor tão robusto, que chegue a ser velho. De todos os instrumentos com que o armou a natureza o desarma o tempo. Afrouxa-lhe o arco, com que já não tira, embota-lhe as setas, com que já não fere, abre-lhe os olhos, com que vê o que não via, e faz-lhe crescer as asas, com que voa e foge. A razão natural de toda esta diferença, é porque o tempo tira a novidade às coisas, descobre-lhes os defeitos, enfastia-lhes o gosto, e basta que sejam usadas para não serem as mesmas. Gasta-se o ferro com o uso, quanto mais o amor? O mesmo amar é causa de não amar, e o ter amado muito, de amar menos. Baste por todos os exemplos o do amor de Davi.

(Vieira, 2011: 334)

SUGESTÕES DE LEITURAS

CHALHUB, Samira. *Funções da linguagem*. 11. ed. São Paulo: Ática, 2003.

Livro que explica de modo claro e simples as funções da linguagem propostas por Jakobson.

FIORIN, José Luiz. *Argumentação*. São Paulo: Contexto, 2015.

Trata-se de livro voltado aos temas da argumentação e da persuasão. Em linguagem clara, o autor mostra, com base nos estudos da retórica e da linguística e com inúmeros exemplos, que a argumentação é constitutiva de todos os textos.

JAKOBSON, Roman. Linguística e poética. In: *Linguística e comunicação*. São Paulo: Cultrix, 1971, pp. 118-62.

Este ensaio de Jakobson traz pela primeira vez as funções da linguagem como as estudamos hoje. Partindo do esquema da comunicação constituído por seis fatores, o autor mostra que, dependendo para qual a linguagem se volta, configura-se uma determinada função.

MARCHIONI, Rubens. *Escrita criativa: da ideia ao texto*. São Paulo: Contexto, 2018.

Este livro mostra como usar conhecimentos e técnicas de diversas áreas para aprimorar a escrita, tanto para quem já é escritor quanto para quem quer começar a escrever.

O romance

O romance é um gênero narrativo, portanto apresenta, como o conto, narratividade. Além disso, possui também personagens, cujas ações se desenvolvem no tempo e se situam no espaço. Há ainda um narrador, aquele que conta a história. Manifesta-se em prosa e é texto figurativo. Do ponto de vista histórico, é um gênero mais recente que o conto e, ao contrário deste, que teve inicialmente uma forma oral, o romance já nasce na forma escrita.

Se há entre conto e romance tantas características comuns, a pergunta é: em que consiste a diferença entre eles? De certa forma, já adiantei a resposta ao afirmar que o conto é uma narrativa condensada. Por oposição, o romance é uma narrativa extensa.

O critério da extensão tem algo de subjetivo, pois a rigor não há um limite de páginas além do qual uma narrativa deixa de ser conto e passa a ser romance. Na prática, você encontrará contos bastante extensos e romances breves. Contos longos não são comuns; por outro lado, você nunca encontrará um romance com 20 ou 30 páginas. Dessa forma, a extensão continua sendo um bom critério para a diferenciação entre conto e romance. Note que você não encontra um livro cujo conteúdo é formado exclusivamente por um único conto, ao contrário do que ocorre com o romance. Os livros de contos, em geral, trazem vários contos de um mesmo autor ou uma coletânea de contos de autores diferentes.

O ROMANCE: UM GÊNERO LITERÁRIO?

A pergunta que dá título a esta seção não admite uma resposta objetiva em termos de sim ou não, na medida em que mescla categorias de análise diferentes. Gênero diz respeito à manifestação de um sentido, por meio de uma temática, de um estilo e de uma estrutura composicional. Pode-se afirmar, com fundamento em Bakhtin, que os gêneros são *formas relativamente estáveis de enunciados*. *Literário* diz respeito à literatura, portanto à arte literária. O romance, um gênero, pode ou não ser classificado como literário, abarcando produções as mais diversas, desde obras de alta qualidade artística, como *Grande sertão: veredas*, *Cem anos de solidão*, *Moby Dick*, *Dom Casmurro*, até obras sem valor literário, destinadas a simples consumo. Nesse caso, os romances são escritos para atingir o "gosto do público", numa pressuposição de que o grande público aprecia ler ficção desprovida de valor estético. Isso não significa que se deve condenar a leitura de romances que não são considerados arte literária, pois é a partir da leitura desse tipo de romance que o leitor chega às obras consideradas literárias. A resposta à pergunta que abre esta seção é: *o romance é um gênero discursivo, mas nem todo romance pertence à esfera do literário.*

O ROMANCE: UMA DEFINIÇÃO

Entre os gêneros literários narrativos, o romance é sem dúvida o de maior aceitação nos dias de hoje. Isso se explica porque o público desse gênero é bastante variado. Há romances para todos os gostos e idades. Para adolescentes, adultos, de aventuras, de mistério, policiais, psicológicos...

Como afirmei, os gêneros do discurso são formas *relativamente* estáveis; o romance, portanto, é um gênero que está em constante transformação, do ponto vista técnico e temático. Comparados aos romances publicados em forma de folhetins, os romances contemporâneos apresentam profundas diferenças, não só quanto ao conteúdo temático, como também quanto a sua estrutura composicional e estilo.

Dada a grande variedade de formas em que se apresenta o romance, há de se buscar uma invariante para defini-lo.

O romance é um gênero narrativo em prosa de certa extensão e apresenta:

1. narratividade: mudanças de estado de sujeitos, portanto dinamicidade;
2. personagens: os atores que vivem as ações. São elementos figurativos, isto é, possuem corpo, voz e, na maioria dos casos, um nome. Embora sejam seres de papel, construídos *no* e *pelo* discurso, apresentam características humanas. Não há limitação quanto ao número de personagens num romance. Além das centrais, pode haver secundárias;

3. tempo: as ações vividas pelas personagens se desenrolam no tempo. Há nos romances sempre um *antes* e um *depois*. No entanto, a história nem sempre é narrada na ordem cronológica em que acontecimentos sucederam no tempo, podendo o narrador recuar a um ponto passado da história ou adiantar acontecimentos futuros;
4. espaço: as personagens interagem num espaço. Por ser uma narrativa de certa extensão, o romance permite a pluralidade de espaços. O espaço romanesco deve ser entendido em sentido amplo, e não restrito ao ambiente físico ou cenário, na medida em que pode englobar o espaço social e o psicológico;
5. narrador: trata-se daquele que conta a história, que pode estar em sincretismo com uma das personagens; nesse caso, tem-se um romance em 1ª pessoa. No caso de o narrador não ser personagem da história narrada, a narração é em 3ª pessoa. A perspectiva adotada pelo narrador determinará o que ele pode ver e, portanto, narrar. Um narrador que se coloca numa perspectiva "de fora" dos acontecimentos terá uma visão mais ampla do que a de um narrador que pertence à história.

Como esses elementos também fazem parte do conto, onde buscar as diferenças?

Na introdução a este capítulo, chamei a atenção para o fato de que uma diferença, visualmente perceptível, diz respeito à extensão. Enquanto o conto é uma narrativa condensada, o romance costuma ser mais extenso.

A maior extensão possibilita um maior aprofundamento dos elementos da narrativa. Quanto à ação, o conto, dado o seu tamanho, centra-se num único episódio. O romance, por sua vez, costuma apresentar ramificações da história central; em consequência, pode ter um número maior de personagens, tempo mais dilatado e pluralidade de espaços. Mas a diferença não é apenas quantitativa, é também qualitativa, pois a extensão possibilita uma caracterização mais profunda das personagens. Permite ainda a existência de mais de um narrador, ampliando a perspectiva narrativa, na medida em que um mesmo acontecimento pode ser narrado de pontos de vista diferentes. O romance é, portanto, um gênero que possibilita a confrontação de perspectivas, uma vez que projeta no enunciado pontos de vista distintos, favorecendo a polifonia (*poli* = várias; *fonia* = vozes).

> No romance *A confissão da leoa*, do escritor moçambicano Mia Couto, a história é contada em 1ª pessoa por duas personagens, Arcanjo Baleiro e Mariamar. O romance *O som e a fúria*, de William Faulkner, é dividido em quatro partes, sendo que cada uma delas é contada por um narrador diferente. Nas três primeiras, três personagens distintos narram a história; na quarta, o narrador é alguém que não participa dos acontecimentos. Isso permite ao leitor acompanhar a história por visões internas diferentes (a das personagens) e pela perspectiva externa (a do narrador em 3ª pessoa).

A maior extensão possibilita também uma melhor caracterização do tempo e do espaço em que se desenrola a história. Tome-se como exemplo o romance *Guerra e paz,* de Tolstoi. A análise profunda que o romance faz de uma época e de uma sociedade não seria possível de ser feita num conto.

Por fim, o romance é um gênero que tem a marca do individual. Ao contrário da epopeia, é uma narrativa do particular. O herói romanesco é o indivíduo. Individual é também a sua forma de recepção: é escrito para ser lido individualmente. Ler um romance é sempre um ato de isolamento do sujeito para um mergulho no mundo da ficção.

UMA TIPOLOGIA DO ROMANCE

Tomando por base elementos característicos do romance, ação, personagem e espaço, Wolfgang Kayser propõe uma tipologia do romance em que leva em conta quais desses elementos têm tratamento privilegiado na narrativa. Segundo esse autor, há:

a. romances de ação;
b. romances de personagem;
c. romances de espaço.

Os primeiros, como o nome indica, centram-se nos eventos, nas ações. São romances que valorizam a história, que se organiza em começo, meio e fim, estando essas partes bem articuladas. Como privilegiam as ações, a análise psicológica das personagens fica relegada ao segundo plano. São romances facilmente transpostos para outras semióticas. É comum serem adaptados para o cinema, séries de TV e *streaming,* ou para novelas gráficas. Muitas dessas transposições fazem com que romances publicados há algum tempo voltem a ser consumidos, atingindo novos leitores. É o que ocorreu, por exemplo, com o romance distópico *O conto da aia* (*The Handmaid's Tale*), de Margaret Atwood, de 1985, que foi adaptado para série de TV em 2017. *O conde de Monte Cristo, Os três mosqueteiros*, ambos de Alexandre Dumas, os livros de Júlio Verne, *O código Da Vinci*, de Dan Brown, e os livros com a personagem Harry Potter são exemplos típicos de romances de ação.

> Romance distópico é aquele cuja ação se passa em sociedades totalitárias que exercem o controle total sobre as pessoas, determinando o que elas podem ou não fazer. Normalmente, a ação se passa num tempo futuro em lugar não determinado. São exemplos desse tipo de romance: *Admirável mundo novo*, de Aldous Huxley, *1984*, de George Orwell, *Fahrenheit 451*, de Ray Bradbury, *Laranja mecânica*, de Anthony Burguess.

Os romances de personagem, como o próprio nome indica, são aqueles centrados nas personagens, que costumam ser mais complexas e mais ricas do ponto de vista psicológico do que as dos romances de ação. Por deixar um pouco de lado a ação e mergulhar na análise da personagem, esse tipo de romance tem um andamento mais lento que os de ação, pois a intenção do autor é explorar o mundo da personagem, fazendo emergir seus conflitos interiores, por isso tem um tom mais subjetivo e confessional. Como exemplos, cito *Madame Bovary*, de Gustave Flaubert, *Dom Casmurro*, de Machado de Assis e *A hora da estrela*, de Clarice Lispector.

Os romances de espaço centram-se no ambiente em que desenrola a narrativa. As personagens se locomovem e interagem num espaço, em geral, relevante para o desenvolvimento da ação e caracterização das personagens. No realismo/naturalismo, esse tipo de romance ganhou grande destaque, pois, buscando certo rigor científico, procurava ilustrar a ideia de que o homem é produto do meio. No Brasil, *O cortiço*, de Aluísio Azevedo, e *O ateneu*, de Raul Pompeia, são exemplos desse tipo de romance.

A ENUNCIAÇÃO

O estudo do romance abre caminho para tratar de um dos temas mais importantes dos estudos do discurso: a enunciação. Embora todo discurso seja produto da enunciação, escolhi este capítulo para tratar desse tema, porque no romance a delegação de vozes é muito frequente.

Há um enunciador que delega voz a um narrador que, por sua vez, pode delegar voz a um interlocutor; no caso, uma personagem. Ao se manifestar de viva voz, discurso direto, ocorre a reprodução de uma nova enunciação. O romance é, portanto, um gênero que costuma apresentar uma pluralidade de atos enunciativos.

O romance é também um ótimo gênero para aprender como se dá a organização temporal do discurso. Como afirmei, os textos apresentam dois planos: a expressão e o conteúdo. A história contada pertence ao plano do conteúdo e é manifestada por uma linguagem verbal. Ocorre que esta se caracteriza pela linearidade, ou seja, um fonema vem depois de outro fonema, uma palavra depois de outra palavra, uma frase depois de outra frase. Isso quer dizer que o plano da expressão do texto tem caráter coercitivo, na medida em que obriga a colocar, um depois do outro, acontecimentos que, no plano do conteúdo, são simultâneos.

A enunciação, ao instalar no texto marcos temporais, permite organizar todo o sistema temporal, já que os acontecimentos narrados no texto serão presentes, passados ou futuros, com base no momento da enunciação, ou de um outro marco temporal instalado no texto. O espaço também é organizado com base na enunciação e vai estabelecer categorias como proximidade *vs.* distanciamento; dentro *vs.* fora; perto *vs.* longe etc.

A enunciação revela que certos elementos gramaticais como pronomes, advérbios e tempos verbais têm seu sentido atrelado a ela. Tais elementos gramaticais são denominados dêiticos. Signos como *eu*, *tu*, *aqui*, *agora* não têm um referente fixo. São palavras da ordem do discurso. *Eu* é aquele quem diz eu; *tu* é aquele a quem o *eu* se dirige. Na conversação, essas posições trocam de lugar o tempo todo. Assim, aquele que é designado por *eu* passa no momento seguinte a ser designado por *tu* e vice-versa. *Aqui* não designa um lugar específico, mas o lugar em que se dá a enunciação. A categoria tempo também está atrelada à enunciação. Algo é presente porque coincide com o momento da enunciação; é passado porque ocorreu antes da enunciação; e futuro porque aconteceu depois.

Nos parágrafos seguintes, discuto, em rápidas pinceladas, a enunciação.

O linguista suíço Ferdinand de Saussure estabeleceu uma distinção fundamental para os estudos da linguagem e do discurso: a oposição língua *vs.* fala. A língua é um sistema de natureza abstrata. Por pertencer a toda a comunidade de falantes, tem um caráter social. A fala é a realização que as pessoas fazem da língua, portanto é concreta e individual. A língua está, pois, no âmbito do virtual e sua realização se dá por meio da fala. Embora tivesse estabelecido a distinção entre língua e fala, Saussure não explicou como se dá a passagem do sistema (a língua) para o uso (a fala), ou seja, como a língua se converte em discurso.

Coube ao linguista Émile Benveniste explicar como isso ocorre; em outras palavras, como se dá o processo de discursivização. Para ele, a conversão da língua em fala se dá pela enunciação, que é o ato pelo qual um sujeito se apropria do sistema da língua e a converte em discurso, ou seja, produz enunciados concretos num determinado tempo e lugar.

Pense na palavra *enunciação*. Ela é derivada do verbo *enunciar*, que significa *dizer*. Enunciação é, portanto, o ato de dizer. Nesse verbo, há o elemento *nunci-*, que aparece também em *anunciar, denunciar, pronunciar, renunciar*, todos ligados a *dizer*. A partir desse esclarecimento, pode-se agora definir alguns termos que vou utilizar.

> Enunciar (verbo) = dizer
>
> Enunciação (subst.) = o ato de dizer
>
> Enunciador (subst.) = aquele que diz
>
> Enunciatário (subst.) = aquele a quem se diz
>
> Enunciado (subst.) = o que se diz

A enunciação é sempre pressuposta. Isso significa que, se há um enunciado, há alguém que o produziu. O sujeito da enunciação desdobra-se em dois: o enunciador, aquele que fala, e o enunciatário, aquele para quem se fala, pois toda vez que alguém toma a palavra, esta é dirigida a alguém, mesmo que este não venha explicitado no enunciado.

> Ao produzir seus textos, você é o enunciador e está sempre escrevendo para alguém, o enunciatário, que será o leitor do seu texto, portanto coopere com ele, facilitando-lhe o trabalho. Diga apenas o que é relevante; seja claro e conciso.

O trecho que segue é o início do romance *Mayombe*, do escritor angolano Pepetela.

> O rio Lombe brilhava na vegetação densa. Vinte vezes o tinham atravessado. Teoria, o professor, tinha escorregado numa pedra e esfolara profundamente o joelho.
>
> (Pepetela, 2013: 13)

Embora não apareça no enunciado, está implícito que houve alguém que disse: "O rio Lombe brilhava...". Nesse caso, como enunciador e enunciatário não estão explicitados no texto, eles se confundem com o autor e o leitor do texto.

É importante que se faça uma ressalva. Quando disse autor do texto, não me referia à pessoa empírica, aquele que possui RG e CPF, mas ao autor implícito, ou seja, aquele que é criado pelo discurso. Portanto, não se deve confundir o autor de carne e osso com o autor do texto, o enunciador.

Observe agora este trecho do romance *Lavoura arcaica*, de Raduan Nassar.

> Na modorra das tardes vadias na fazenda, era num sítio lá do bosque que eu escapava aos olhos apreensivos da família; amainava a febre dos meus pés na terra úmida, cobria meu corpo de folhas e, deitado à sombra, eu dormia na postura quieta de uma planta enferma vergada ao peso de um botão vermelho [...].
>
> (Nassar, 2016: 15)

Há um enunciado, portanto a enunciação está pressuposta, ou seja, houve alguém que se apropriou da língua (um enunciador) e produziu esse enunciado. Nesse caso, porém, há esparramadas pelo enunciado marcas linguísticas da pessoa que fala, como se depreende das formas de verbos e pronomes em 1ª pessoa: *eu escapava*; (eu) *amainava*; *meus pés*; *meu corpo*; *eu dormia*.

Com base nessa informação, pode-se distinguir dois tipos de textos:

a. textos enunciativos: aqueles em que as marcas da pessoa que fala estão presentes no enunciado. Nesse tipo de texto, ocorre a projeção de um *eu/tu* (*você*) no enunciado;

b. textos enuncivos: aqueles em que as marcas da pessoa que fala estão apagadas no texto. Não há, portanto, projeção de um *eu/tu* (*você*) no enunciado, mas de um *ele*.

Os exemplos apresentados foram extraídos de um romance, mas qualquer texto, seja de que gênero for, será enunciativo ou enuncivo. No capítulo "A poesia", comentei estrofes de dois poemas: "Se eu morresse amanhã", de Álvares de Azevedo, e "Autopsicografia", de Fernando Pessoa. Você deve estar lembrado (caso não esteja, volte a eles) que, no primeiro, há as marcas linguísticas do enunciador (*eu*, *minha*), enquanto no segundo, elas foram apagadas. O primeiro é um texto enunciativo; o segundo, enuncivo. A escolha em se produzir um ou outro está relacionada aos efeitos de sentido que se pretendem produzir. Os primeiros produzem efeitos de sentido de subjetividade; os segundos, de objetividade.

Ao apropriar-se do sistema da língua, o sujeito da enunciação cria um sistema de referências espaciais e temporais, porque quem diz algo o faz em algum momento e lugar. A enunciação é, portanto, a instância do *eu*, *aqui*, *agora*, que correspondem, respectivamente, às categorias de pessoa, espaço e tempo. Quando, num romance, estudam-se o narrador e as personagens, debruça-se sobre a categoria pessoa.

Quanto ao espaço e ao tempo, também podem ser enunciativos ou enuncivos. Tem-se espaço enunciativo quando ele coincidir com o da enunciação (*aqui*). Caso não coincida, tem-se espaço enuncivo (*alhures*). Com o tempo se dá a mesma coisa. O tempo é enunciativo quando coincidir com a enunciação (*agora*); é enuncivo quando não houver coincidência (*então*), lembrando que este pode ser passado (anterior ao momento da enunciação) ou futuro (posterior ao momento da enunciação).

Resumindo:

	Enunciativo	Enuncivo
Pessoa	eu/tu (você)	não eu: ele
Espaço	aqui	não aqui: alhures
Tempo	agora	não agora: então

Um texto pode ser enunciativo quanto à categoria pessoa e apresentar tempo e espaço enuncivos. É o caso de um texto em 1ª pessoa que narra um acontecimento passado, ocorrido num espaço fora da enunciação, como você pode observar neste trecho, extraído do romance *Crônica da casa assassinada*, de Lúcio Cardoso.

> Quando cheguei, ela já estava lá, o que sucedia pela primeira vez desde que nos conhecíamos. Estava lá, sentada diante de uma pequena mesa ao fundo do bar, e era visível a inquietação de que se achava possuída, pois remexia-se na cadeira, abria a bolsa, fitava-se ao espelho, tornava a fechar a bolsa, olhava a porta – dava enfim todos os sinais de impaciência de uma pessoa que espera, estando acostumada a se fazer esperar.

(Cardoso, 2013: 379)

108 Da leitura literária à produção de textos

Há no texto a projeção de um *eu* (Quando [eu] cheguei). Trata-se, portanto, de texto enunciativo. No entanto, o texto relata um acontecimento ocorrido antes do momento da enunciação (*cheguei*, passado), num espaço que não coincide com a enunciação (*lá*). Em síntese, são vários os arranjos possíveis de projeção no texto das categorias pessoa, tempo e espaço. Apresento a seguir exemplos extraídos de romances em que comento as categorias da enunciação.

> Abro a porta do quarto. Tudo em ordem. Vou andando pelo corredor, pés descalços. Tudo em ordem. Não há ninguém na casa.
> Dou meia-volta, o banheiro, tudo em ordem. Entro no quarto, tranco a porta. Viro-me e vejo um homem ao lado de minha cama.

> (Melo, 2009: 9)

Nesse exemplo, extraído do livro *Acqua toffana*, de Patrícia Melo, o tempo é enunciativo, pois coincide com o momento da enunciação (*agora*). Observe a sequência de verbos no presente: *abro, vou andando, há, dou, entro, tranco, viro, vejo*. Quanto ao espaço, esse também é enunciativo (*aqui*). Os acontecimentos ocorrem no lugar de onde o enunciador enuncia. Quanto à categoria pessoa, o texto é enunciativo, já que há um *eu* projetado no texto, como se depreende das marcas linguísticas de 1ª pessoa presentes nos verbos e nos pronomes *me* e *minha*.

Os verbos não exprimem apenas a categoria tempo. Exprimem também aspecto, o ponto de vista a respeito do processo verbal, por exemplo, se é apresentado em seu início, em seu desenvolvimento ou em seu término. Nos exemplos a seguir o processo verbal é visto, respectivamente, em seu início, em seu desenvolvimento e em seu término: Ele *começou a cantar*, Ele *está cantando*, Ele *acabou de cantar*. No texto de Patrícia Melo, "Abro a porta do quarto. Tudo em ordem. Vou andando pelo corredor, pés descalços", tanto *abro* quanto *vou andando* exprimem tempo presente. *Abro* mostra o processo em seu início e *vou andando* em seu desenvolvimento.

Leia agora o trecho a seguir.

> Rubião fitava a enseada, – eram oito horas da manhã. Quem o visse, com os polegares metidos no cordão do chambre, à janela de uma grande casa de Botafogo, cuidaria que ele admirava aquele pedaço de água quieta [...].

> (Machado de Assis, 1979a: 643)

Trata-se do início do romance *Quincas Borba*, de Machado de Assis. Do ponto de vista da pessoa, tem-se um texto enuncivo, já que há a projeção de um *ele* (Ele [Rubião] fitava a enseada). Espaço e tempo também são enuncivos. O tempo é anterior ao momento da enunciação (*fitava*, passado) e o espaço não é o da enunciação, o *aqui*, mas um outro lugar (*alhures*). No caso, uma grande casa de Botafogo.

Se você comparar os dois textos do ponto de vista das categorias da enunciação, verá que o de Machado de Assis produz um efeito de distanciamento, enquanto o de Patrícia Melo produz efeito de proximidade, como se os acontecimentos ocorressem agora, na frente do leitor.

TEXTO COMENTADO

O trecho que você vai ler agora foi extraído do romance *O homem sem qualidades*, do escritor austríaco Robert Musil.

> E, num daqueles pensamentos aparentemente secundários e abstratos que em sua vida tantas vezes assumiam importância, ocorreu-lhe que a lei desta vida, pela qual ansiamos, sobrecarregados mas sonhando com a simplicidade, não é senão a vida da ordem narrativa! Aquela ordem simples que consta do poder-se dizer: "depois de isso acontecer, aconteceu aquilo!" É a simples sequência, a repetição da arrebatadora multiplicidade da vida numa dimensão só, como diria um matemático, é isso que nos tranquiliza; o enfileiramento de tudo o que ocorre no tempo e no espaço, em que um só fio, aquele famoso "fio da narrativa", no qual consistiria também o fio da vida. Sorte daquele que pode dizer "quando", "antes que", e "depois que"! Pode-lhe ter acontecido coisa ruim, ou ele talvez tenha se contorcido de dor; assim que for capaz de repetir os acontecimentos na sequência temporal de seu curso, sentir-se-á bem como se o sol lhe batesse na barriga. É isso que o romance utilizou artificialmente; o peregrino pode cavalgar por uma estrada aberta sob uma chuva intensa, ou ranger os pés na neve a vinte graus abaixo de zero, mas o leitor sente-se confortável, e isso seria difícil de entender, se esse eterno artifício da obra épica, com o qual já as amas-de-leite acalmam as criancinhas, esse eficiente "encurtamento em perspectiva da razão" já não fizesse parte da própria vida. No relacionamento básico com si mesmos, a maioria dos homens são contadores de histórias. Não apreciam a poesia lírica, ou o fazem apenas por alguns instantes, e embora no fio da vida entrelacem também um pouco de "porque" e "para que", eles detestam toda

a ideia que vá além disso: preferem a sequência ordenada dos fatos, porque parece necessária, e, com isso, a impressão de que suas vidas têm um "curso" protege-os de alguma forma do caos.

(Musil, 2006: 689)

Como você pode notar, trata-se de um texto enuncivo. É uma narrativa em 3ª pessoa ("[...] ocorreu-**lhe** que a lei desta vida [...]"), ou seja, ocorreu a ele (à personagem). O narrador, portanto, não é personagem da história narrada, mas um observador, que relata os acontecimentos de fora. Observe ainda que esse narrador é dotado de onisciência, ou seja, sabe tudo, tem uma visão total dos fatos, podendo, inclusive, narrar o que se passa no interior da personagem. Note que, já na primeira frase, ele relata o que a personagem pensa naquele momento ("E, num daqueles pensamentos aparentemente secundários e abstratos que em sua vida tantas vezes assumiam importância, ocorreu-lhe que [...]").

Ao ler um texto, é fundamental identificar o tema, ou seja, o assunto de que o texto fala. No trecho lido, o tema é a narrativa. Um tema, no entanto, pode ser visto sob vários enfoques. O que deve fazer o autor? Delimitá-lo.

DELIMITANDO O TEMA

Se pedirem para você escrever um texto falando sobre a narrativa, a primeira coisa que deve fazer é restringir o tema, abordando-o sob determinada perspectiva, pois se quiser dizer tudo a respeito do assunto, certamente não conseguirá. Você poderá, por exemplo, falar sobre a narrativa cinematográfica, ou a narrativa nas histórias em quadrinhos, ou ainda a narrativa nos contos fantásticos. Quanto mais você delimitar o tema, mais fácil será produzir seu texto. Veja como se pode fazer isso: a narrativa, a narrativa no conto, a narrativa no conto fantástico, a narrativa no conto fantástico do século XIX. O que foi feito? Partiu-se do mais genérico ao mais particular.

NARRATIVA E TEMPORALIDADE

Volto ao trecho de Musil. Falar num romance sobre a narrativa tem um caráter metalinguístico, pois o romance é um gênero narrativo. Nele, tem-se uma narrativa que fala da narrativa.

Ao falar sobre a narrativa romanesca, o narrador está, na verdade, falando da vida. Para ele, e é isso o que quer mostrar, a vida guarda semelhanças com a narrativa. E onde residem essas semelhanças? A resposta é: na temporalidade, na sequência dos acontecimentos, no fato de que, tanto numa como na outra, há sempre um antes e um depois. Há, portanto, uma identificação plena entre o fio da narrativa e o fio da vida, por isso ler narrativas dá a ilusão, segundo o autor, de que a vida tem um curso. Em suma: no texto, a narrativa romanesca é uma metáfora da própria vida.

Esse trecho de *O homem sem qualidades* ensina uma regra muito importante para a construção de textos narrativos: a ordenação temporal dos acontecimentos. Os elementos gramaticais que permitem relacionar temporalmente ideias são os adjuntos adverbiais, as preposições e as conjunções: *depois, ontem, em seguida, na semana passada, no dia anterior, logo depois, após, desde, antes de, depois de, quando, enquanto, logo que, desde que, assim que* etc.

Finalizando esta seção, chamo a atenção para o fato de que a temporalidade é essencial para se construam narrativas. No entanto, como o texto de Musil mostra, podem-se relacionar acontecimentos por causa e efeito e finalidade, quando faz referência ao fato de que "[...] no fio da vida entrelacem também um pouco de 'porque' e 'para que' [...]". As relações de causa e efeito podem ser explicitadas pelas conjunções causais: *porque, visto que, uma vez que, já que* etc. As relações de finalidade costumam ser expressas pelas conjunções finais: *a fim de que, para que*.

FECHANDO O CAPÍTULO

Neste capítulo, mostrei, a partir do estudo do gênero romance, características de textos narrativos. A intenção, evidentemente, não é a de ensinar a escrever um romance, pois isso está fora dos objetivos deste livro. O que se objetivou foi mostrar que, para a construção de qualquer texto narrativo, tem-se de encadear fatos e esse encadeamento se dá por meio da temporalidade, isto é, na narrativa há sempre um *antes* e um *depois*.

SUGESTÕES DE ATIVIDADES

Como você viu neste capítulo, pela enunciação se instalam nos textos as categorias de pessoa, tempo e espaço. É comum que se use uma pessoa do discurso no lugar de outra, um tempo no lugar de outro e um espaço no lugar de outro.

No dia 8 de outubro de 2017, o jornal *Folha de S.Paulo* publicou na página B14 a seguinte frase dita pelo ex-presidente Lula: "Lula não é só mais o Lula. Lula é uma ideia".

Levando em conta que aquele que toma a palavra deve se referir a si próprio por *eu*, ocorreu nessa frase o uso na 3ª pessoa (Lula) no lugar da 1ª. Quando alguém diz: "Amanhã, eu mando uma mensagem para você", está usando o presente (*mando*) no lugar do futuro (*mandarei*). No exemplo a seguir, de Graciliano Ramos, usou-se *ali* (espaço fora da cena enunciativa) no lugar de *aqui* (espaço do enunciador):

> Fabiano queria berrar para cidade inteira, afirmar ao Doutor Juiz de Direito, ao delegado, ao seu Vigário e aos cobradores da Prefeitura que *ali* dentro ninguém prestava para nada.
>
> (Graciliano Ramos apud Fiorin, 2001: 287)

Leia o texto a seguir, extraído do romance *Triste fim de Policarpo Quaresma*, de Lima Barreto, e responda ao que se pede.

> Policarpo Quaresma, cidadão brasileiro, funcionário público, certo de que a língua portuguesa é emprestada ao Brasil; certo também de que, por esse fato, o falar e o escrever em geral, sobretudo no campo das letras, se veem na humilhante contingência de sofrer continuamente censuras ásperas dos proprietários da língua; sabendo, além, que, dentro do nosso país, os autores e os escritores, com especialidade os gramáticos, não se entendem no tocante à correção gramatical, vendo-se, diariamente, surgir azedas polêmicas entre os mais profundos estudiosos do nosso idioma – usando do direito que lhe confere a Constituição, vem pedir que o Congresso Nacional decrete o tupi-guarani como língua oficial e nacional do povo brasileiro.
>
> O suplicante, deixando de parte os argumentos históricos que militam em favor de sua ideia, pede vênia para lembrar que a língua é a mais alta manifestação da inteligência de um povo, é a sua criação mais viva e original; e, portanto, a emancipação política do país requer como complemento e consequência a sua emancipação idiomática.
>
> Demais, Senhores Congressistas, o tupi-guarani, língua originalíssima, aglutinante, é verdade, mas a que o polissintetismo dá múltiplas feições de riqueza, é a única capaz de traduzir as nossas belezas, de pôr-nos em relação com a nossa natureza e adaptar-se perfeitamente aos nossos órgãos vocais e cerebrais, por ser criação de povos que aqui viveram e ainda vivem, portanto possuidores da organização fisioló-

gica e psicológica para que tendemos, evitando-se dessa forma as estéreis controvérsias gramaticais, oriundas de uma difícil adaptação de uma língua de outra região à nossa organização cerebral e ao nosso aparelho vocal – controvérsias que tanto empecem o progresso da nossa cultura científica e filosófica.

Seguro de que a sabedoria dos legisladores saberá encontrar meios para realizar semelhante medida e cônscio de que a Câmara e o Senado pesarão o seu alcance e utilidade P. e E. deferimento.

(Barreto, 2011: 139-40)

a. No texto, ocorre o uso de uma pessoa por outra. Quais? Justifique com expressões tiradas do texto.
b. Há no texto um *tu* a quem o enunciador destina seu enunciado. Identifique a expressão que nomeia esse *tu*.
c. Quanto ao tempo, ele é concomitante ou não à enunciação? Justifique.

As questões que seguem referem-se a um trecho do romance *Aos 7 e aos 40*, de João Anzanello Carrascoza.

Naquela época, eu estava aprendendo a ler e a escrever e me encantava descobrir como uma letra se abraçava a outra para formar uma palavra, e como as palavras, unidas de tinta, ganhavam um novo rosto, quando escritas no papel. Para mim, as letras nasciam encaracoladas como gavinhas e, na hora de abrir a cartilha e juntá-las, eu sempre gaguejava, rasurando o silêncio.

(Carrascoza, 2013: 23)

a. Comente o trecho sob o ponto de vista das categorias pessoa e tempo, observando os efeitos de sentido produzidos.
b. As formas verbais situam os acontecimentos num tempo que pode ser concomitante ou não ao momento da enunciação. A escolha das formas verbais, sejam elas passadas, presentes ou futuras, também pode mostrar o ponto de vista que se tem do processo verbal, isto é, se ele é visto como concluído ou não e se é apresentado em seu início, em seu desenvolvimento ou no fim.

Levando isso em conta, comente como o enunciador apresenta o processo de sua alfabetização.

SUGESTÕES DE LEITURAS

BRAIT, Beth. *A personagem*. São Paulo: Contexto, 2017.

Como a obra é voltada exclusivamente para o estudo da personagem, a autora mergulha em profundidade nessa categoria narrativa. O livro vai além da teoria, pois a autora traz depoimentos de diversos autores literários sobre a personagem de ficção.

DIMAS, Antonio. *Espaço e romance*. São Paulo: Ática, 1985.

O espaço é das categorias narrativas a menos estudada. Há, portanto, carência de obras que tratam do tema, sobretudo para o leitor não especialista. O livro de Dimas cumpre com perfeição essa lacuna.

FIORIN, José Luiz. *As astúcias da enunciação*: as categorias de pessoa, espaço e tempo. São Paulo: Contexto, 2016.

Trata-se de um livro clássico que deve ser lido, relido e consultado sempre que o assunto é a enunciação. O autor desenvolveu enorme pesquisa para sua elaboração a partir de um *corpus* vastíssimo. Forin é um autor que consegue reunir profundidade e clareza.

FORSTER, E. M. *Aspectos do romance*. 4. ed. Trad. Sergio Alcides. São Paulo: Globo, 2005.

Segundo Antonio Candido, um pequeno grande livro. Trata-se de várias conferências de Forster sobre as categorias do romance, personagem, tempo, espaço etc. Escrito em linguagem simples, Forster apresenta uma verdadeira teoria do romance.

PERRONE-MOYSÉS, Leyla. *Mutações da literatura no século XXI*. São Paulo: Companhia das Letras, 2016.

Os gêneros literários são marcados pela plasticidade, estão em constante transformação. A literatura do século XXI, particularmente o romance, tem-se manifestado em produções bastante inovadoras. Perrone-Moysés investiga e analisa os caminhos da prosa contemporânea.

TERRA, Ernani; PACHECO, Jessyca. *O conto na sala de aula*. Curitiba: InterSaberes, 2017.

Nos capítulos 5, 6, 7 e 8, os autores se debruçam sobre os elementos da narrativa: narrador, personagem, tempo e espaço.

TERRA, Ernani. *Leitura do texto literário*. São Paulo: Contexto, 2014.

Ao tratar do texto literário, o autor discute suas especificidades e características de maneira didática e objetiva. O livro traz ainda exemplos, textos comentados e propostas de atividades.

Tipologia textual

Até agora, ao falar de textos, chamei sua atenção para o fato de que eles se materializam em gêneros, que são formas relativamente estáveis de enunciados. Assim, crônica, conto, romance são gêneros textuais. O enfoque recaiu nos gêneros literários; mas qualquer texto, literário ou não, escrito à mão, impresso ou veiculado pela internet pertence a um gênero. Fora do campo literário, são exemplos de gêneros: o artigo científico, o requerimento, a receita médica ou culinária, o anúncio classificado, o blog, a novela gráfica, a charge etc. Os gêneros podem se manifestar em planos de expressão diversos: verbal, não verbal ou sincrético.

Neste capítulo, trato dos *tipos de texto*: o descritivo, o narrativo, o argumentativo e o expositivo, lembrando que eles podem se manifestar em gêneros textuais diversos, pois gênero e tipo de texto são coisas distintas. Uma carta, que é um gênero, pode se prestar a contar alguma coisa; será, portanto, uma carta narrativa. Pode-se, no entanto, se valer do gênero carta para defender, por meio de argumentos, um determinado ponto de vista, procurando obter a adesão do leitor; nesse caso, tem-se uma carta argumentativa. Uma carta pode ser enviada ao destinatário a fim de informá-lo de que uma apólice de seguro foi renovada. Nesse caso, será uma carta expositiva.

Antes, porém, de comentar cada um dos tipos de texto separadamente, ressalto que a classificação de um texto como descritivo, narrativo, argumentativo ou expositivo é feita em função da tipologia dominante. Um romance, por exemplo, pode apresentar descrições, mas é classificado como narrativo, porque essa é a tipologia dominante nesse gênero. Um sermão pode apresentar narração de um fato, mas será classificado como argumentativo, já que essa tipologia será a dominante.

Em síntese, a classificação do texto numa determinada tipologia é feita levando em conta seu propósito: descrever, narrar, argumentar ou expor.

O TEXTO DESCRITIVO

Segundo o *Dicionário Houaiss*, "descrever é representar (alguém, algo ou a si mesmo), por escrito ou oralmente, no todo ou em detalhes". Essa definição mostra que se podem descrever pessoas, inclusive a si mesmo, e coisas.

Descrever é, em essência, fazer o retrato de algo ou de alguém. Claro que o retrato não se confunde com a coisa e pode ser mais fiel ou menos fiel, mas o importante é que, nas descrições verbais, o leitor consiga construir uma imagem mental daquilo ou daquele que se descreve. Por essa razão, a descrição apela ao sensorial, configurando um texto figurativo por excelência; pois, como mostrei quando tratei de temas e figuras, estas representam o mundo, enquanto aqueles o interpretam.

Diferentemente do que ocorre no texto narrativo, na descrição não há temporalidade, isso significa que o que se descreve é visto congelado no tempo, não há um antes, nem um depois, exatamente como ocorre nas fotografias: capta-se o instantâneo, que é registrado por meio de palavras, no caso de descrições verbais.

A descrição pode abarcar o todo, ou partes do todo, fixando-se nos detalhes. Na publicidade, é comum descrições em que se mostram partes do todo com o propósito de fixar a atenção do público num determinado aspecto. Uma propaganda de xampu, por exemplo, privilegia os cabelos da modelo, fazendo neles um *close-up*; as de esmalte privilegiarão os dedos.

Lendo descrições literárias, você vai observar esse mesmo procedimento. É o que faz Machado de Assis em *Dom Casmurro*, ao referir-se aos olhos de Capitu, dizendo que são olhos de cigana, oblíqua e dissimulada. Há casos de descrições em que se deforma o que se descreve por meio da exageração de algum detalhe, é o que ocorre na caricatura.

Quando se utiliza uma parte para representar o todo, faz-se uso de uma figura de linguagem denominada metonímia. Nos versos de Drummond, "o bonde passa cheio de pernas/pernas brancas pretas amarelas", a palavra *pernas* é usada para designar *pessoas*. A parte está designando o todo. Uma metonímia, portanto.

Volto a insistir que as figuras de linguagem (metáfora, metonímia, antítese etc.) não são ornamentos do discurso, como não são exclusivas de textos literários. São constitutivas de qualquer gênero ou tipo textual e são usadas com valor argumentativo, por isso não tenha receio de usar figuras de linguagem em seus textos.

> Metáfora e metonímia são consideradas as duas figuras de linguagem mais importantes. Na primeira, a transposição de significado de um termo para outro se dá por uma relação de semelhança, como em "O tempo é o maior tesouro de que um homem pode dispor; embora inconsumível, o tempo é o nosso melhor alimento [...]" (Raduan Nassar), *tesouro* e *alimento* são metáforas de tempo.
>
> Na metonímia, a transposição de significação decorre de uma relação de contiguidade, isto é, de proximidade entre os termos. Usar a parte no lugar do todo é uma delas. A alteração de significado pode ser obtida por outras relações entre os termos, como o autor pela obra, o efeito pela causa, o particular pelo geral, o continente pelo conteúdo, o lugar pelo produto etc. Em: "Verdade é que, ao lado dessas faltas, coube-me a boa fortuna de não comprar o pão com o suor do meu rosto" (Machado de Assis), *pão* está no lugar de *alimento* (o particular pelo geral) e *suor*, no lugar de trabalho (o efeito pela causa). São metonímias, portanto.
>
> Nas metonímias, quando a transposição de significado decorre do uso do particular pelo geral, tem-se o uso do hipônimo no lugar hiperônimo. Nos casos em que o geral substitui o particular, tem-se o uso do hiperônimo no lugar do hipônimo.

As descrições podem ser objetivas ou subjetivas. No primeiro caso, o autor se abstém de manifestar as impressões que lhe causam o que é descrito. Nas descrições subjetivas, o autor não descreve apenas o que vê, mas procura também transmitir ao leitor as impressões e as sensações que aquilo que se descreve transmite. As descrições objetivas se prestam ao discurso científico, em que se buscam a fidelidade, a exatidão, a precisão. As descrições subjetivas são adequadas ao discurso literário, na medida em que, transmitindo sensações, são capazes de criar um clima de mistério, de terror, de bucolismo etc.

A descrição normalmente é empregada como parte de outros tipos de texto, especialmente os narrativos, a fim de caracterizar as personagens e o ambiente em que se desenrolam os acontecimentos.

Do ponto de vista gramatical, predominam os nomes: substantivos, representando os seres, e adjetivos, as suas propriedades. Como nas descrições não há narratividade, predominam os predicados nominais, aqueles que apresentam verbos de ligação (*ser, estar, parecer* etc.). Nos textos descritivos, as orações relacionam-se predominantemente por coordenação, isto é, não apresentam dependência sintática umas em relação às outras.

TEXTOS COMENTADOS

Descrição de ambiente

O texto que segue foi escrito pelo dramaturgo norueguês Henrik Ibsen.

> Salão agradável, decorado com bom gosto, mas sem luxo. Uma porta no fundo à direita conduz ao vestíbulo; uma outra porta no fundo, à esquerda, conduz ao escritório de Helmer; entre as duas portas um piano. No centro da parede da esquerda, uma porta, e uma janela mais afastada. Perto da janela uma mesa redonda, cadeiras de braço e um sofá. Na parede da direita, no fundo, outra porta; na mesma parede, mais próximo à ribalta, uma estufa de faiança e diante dela duas poltronas e uma cadeira de balanço. Uma mesinha entre a estufa e a porta lateral. Gravuras nas paredes; uma *étagère* com objetos de porcelana e outros objetos de arte, uma pequena estante com livros bem encadernados. O chão é atapetado e a estufa está acesa. Dia de inverno.

(Ibsen, 2003: 8)

Trata-se de uma descrição de um ambiente feita com perfeição e que poderá servir de modelo para a produção de descrições de ambientes. Na primeira frase, o autor apresenta a impressão geral do salão; depois, como se pegasse o leitor pela mão, leva-o para o interior do ambiente, mostrando-lhe minuciosamente os elementos que compõem o cenário e a posição que cada um deles ocupa no espaço do salão.

Os substantivos concretos (figuras) permitem ao leitor visualizar as peças que compõem o ambiente: *portas, piano, janela, mesa, cadeiras, sofá, estufa, poltronas, gravuras, estante...* Os adjetivos caracterizam os substantivos, tornando precisa a descrição: mesa *redonda*, cadeira *de braço*, estufa *de faiança*, cadeira *de balanço*. Observe ainda que as orações são, do ponto de vista sintático, independentes (orações coordenadas). A recorrência às figuras de um mesmo campo semântico, peças de mobiliário, confere coerência ao texto.

Como no texto descritivo não há temporalidade (veja que na descrição de Ibsen não há um antes nem um depois), não ocorrem mudanças de estado, ou seja, não há narratividade, daí o caráter estático da descrição.

Descrição de pessoa

Leia agora um trecho do romance *A guerra do fim do mundo*, do escritor peruano Mario Vargas Llosa. Nele, o narrador descreve Antônio Conselheiro.

> O homem era alto e tão magro que parecia sempre de perfil. Sua pele era escura, seus ossos proeminentes e seus olhos ardiam como fogo perpétuo. Calçava sandálias de pastor e a túnica azulão que lhe caía sobre o corpo lembrava o hábito desses missionários que, de quando em quando, visitavam os povoados do sertão batizando multidões de crianças e casando os amancebados. Era impossível saber sua idade, sua procedência, sua história, mas algo havia em seu aspecto tranquilo, em seus costumes frugais, em sua imperturbável seriedade que, mesmo antes de dar conselhos, atraía pessoas.
>
> (Vargas Llosa, 1982: 15)

Destaco que se trata de uma descrição inserida num romance, que é um gênero narrativo. Apresento a seguir as características desse trecho do romance que o caracterizam como descritivo.

a. O retrato verbal de Antônio Conselheiro é apresentado num determinado momento, ou seja, fixa sua imagem, como numa fotografia. Não há um antes nem um depois.

b. Presença de figuras que identificam os traços genéricos.
   "O *homem* era *alto* e tão *magro* que parecia sempre *de perfil.*"
   "Sua pele era *escura*, seus ossos *proeminentes* e seus olhos ardiam como fogo perpétuo."

c. Predicados nominais (verbos de ligação).
   "O homem *era* alto e tão magro que *parecia* sempre de perfil."

d. Predomínio de orações coordenadas em relação a subordinadas.
   "Sua pele era escura, seus ossos proeminentes e seus olhos ardiam como fogo perpétuo."

Esse período composto é formado por quatro orações (em duas delas ocorre a elipse do verbo):

> [Sua pele era escura], [seus ossos (eram) proeminentes] [e seus olhos ardiam] [como fogo perpétuo (arde)]

Observe que as orações que se referem às características de Conselheiro (as três primeiras) estão coordenadas entre si (as duas primeiras justapostas e a terceira ligada por relação de adição à segunda). A última, uma subordinada, não se refere diretamente a uma característica da personagem. Por meio dela, o narrador reforça, pela comparação, uma característica expressa na oração anterior: o brilho dos olhos de Antônio Conselheiro.

- Emprego de figuras de linguagem.
  "... seus olhos ardiam *como fogo perpétuo.*"
  "... a túnica azulão que lhe caía sobre o corpo *lembrava o hábito desses missionários...*" (comparações)

O uso de comparações possibilita que o interlocutor tenha mais elementos para montar a imagem do ser descrito.

- Predomínio de verbos no pretérito imperfeito e no presente do indicativo.
  "*Calçava* sandálias de pastor e a túnica azulão que lhe *caía* sobre o corpo *lembrava* o hábito desses missionários que, de quando em quando, *visitavam* os povoados do sertão [...]".

As boas descrições procuram passar ao leitor a impressão de um quadro vivo, de algo que surge à frente no momento que lê. O uso dos verbos no pretérito imperfeito e no presente do indicativo contribui para dar vivacidade à descrição.

No exemplo, usou-se o pretérito imperfeito porque se trata da descrição de um personagem histórico. O uso desse tempo verbal permite ao autor recuar no tempo, tornando presente aquilo que é passado. A imagem de Conselheiro, alguém que viveu na segunda metade do século XIX, pelo uso do pretérito imperfeito, surge ao leitor como uma figura presente.

O TEXTO NARRATIVO

Narrar é contar. Pode-se afirmar que as duas características básicas do texto narrativo são:

a. narratividade;
b. temporalidade.

A narração, ao contrário da descrição, é dinâmica. Se comparei a descrição a uma fotografia, na medida em que ela congela o instante, comparo a narração a um filme. Há um começo e um fim, vale dizer, há um *antes* e um *depois*, ou seja, temporalidade. Os acontecimentos narrados ocorrem no tempo: um após o outro, embora possam ser narrados não na ordem em que ocorreram de fato.

Como destaquei nos capítulos "O conto" e "O romance", narratividade diz respeito a transformações, ou seja, mudanças de estado de um sujeito que, por ação de outro sujeito ou de algo, passa de um estado de conjunção com um objeto de valor para um estado de disjunção, ou vice-versa.

Do ponto de vista gramatical, no texto narrativo há o predomínio de verbos de ação. A temporalidade é marcada pelos verbos e por advérbios e expressões adverbiais que são usadas não só para situar a ação no tempo (*Era uma vez...*, *Era no tempo do rei...*, *Naquele dia...*), mas também para indicar a passagem do tempo (*No dia seguinte...*, *Três meses depois...*, *Depois que ele voltou...*). Um texto narrativo apresenta a seguinte estrutura: há uma situação inicial, marcada pelo equilíbrio, que é alterada por ação de alguém ou de algo, provocando mudanças de estado (complicação), segue-se uma série de ações decorrentes dessa transformação que atingirão um ponto mais alto (clímax), depois vem a resolução do conflito, terminando numa situação final, caracterizada por um novo estado de equilíbrio.

Esquematizando:

situação inicial → complicação → ações → clímax → resolução → situação final
(equilíbrio)   (conflito)   (equilíbrio)

As sequências narrativas caracterizam-se pelo encadeamento cronológico e causal de ações predicadas a agente humano ou antropomorfizado. Do ponto de vista linguístico, além dos verbos que exprimem ação, normalmente expandidos por circunstantes de lugar, tempo, modo, causa, há a presença do discurso relatado (direto e indireto).

O texto narrativo costuma se manifestar em gêneros como o conto, o romance, a novela, a história em quadrinhos, a notícia, o relato.

Na produção de textos narrativos, você deve responder às seguintes perguntas:

a. Quem? – indica quem é (são) a(s) personagem(ns).
b. Fez o quê? – indica a ação propriamente dita.
c. Quando? – indica o tempo.
d. Onde? – indica o lugar.
e. Por quê? – indica a causa, isto é, o motivo pelo qual a(s) personagem(ns) agiu (agiram) dessa forma.
f. Como? – indica o modo como a(s) personagem(ns) realizou (realizaram) a ação.

TEXTO COMENTADO

O que você vai ler a seguir é o início do capítulo 7 do romance *Memórias póstumas de Brás Cubas*, escrito por Machado de Assis e publicado em 1881.

O delírio

Que me conste, ainda ninguém relatou o seu próprio delírio; faço-o eu, e a ciência mo agradecerá. Se o leitor não é dado à contemplação destes fenômenos mentais, pode saltar o capítulo; vá direito à narração. Mas, por menos curioso que seja, sempre lhe digo que é interessante saber o que se passou na minha cabeça durante uns vinte a trinta minutos.

Primeiramente, tomei a figura de um barbeiro chinês, bojudo, destro, escanhoando um mandarim, que me pagava o trabalho com beliscões e confeitos: caprichos de mandarim. Logo depois, senti-me transformado na Suma Teológica de São Tomás, impressa num volume, e encadernada em marroquim, com fechos de prata e estampas; ideia esta que me deu ao corpo a mais completa imobilidade; e ainda agora me lembra que, sendo as minhas mãos os fechos do livro, e cruzando-as eu sobre o ventre, alguém as descruzava (Virgília decerto), porque a atitude lhe dava a imagem de um defunto. Ultimamente, restituído à forma humana, vi chegar um hipopótamo, que me arrebatou. Deixei-me ir, calado, não sei se por medo ou confiança; mas, dentro em pouco, a carreira de tal modo se tornou vertiginosa, que me atrevi a interrogá-lo, e com alguma arte lhe disse que a viagem me parecia sem destino.

– Engana-se, replicou o animal, nós vamos à origem dos séculos.

Insinuei que deveria ser muitíssimo longe; mas o hipopótamo não me entendeu ou não me ouviu, se é que não fingiu uma dessas coisas; e, perguntando-lhe, visto que ele falava, se era descendente do cavalo de Aquiles ou da asna de Balaão, retorquiu-me com um gesto peculiar a estes dois quadrúpedes: abanou as orelhas. Pela minha parte fechei os olhos e deixei-me ir à ventura. Já agora não se me dá de confessar que sentia umas tais ou quais cócegas de curiosidade, por saber onde ficava a origem dos séculos, se era tão misteriosa como a origem do Nilo, e sobretudo se valia alguma coisa mais ou menos do que a consumação dos mesmos séculos: reflexões de cérebro enfermo. Como ia de olhos fechados, não via o caminho; lembra-me só que a sensação de frio aumentava com a jornada, e que chegou uma ocasião em que me pareceu entrar na região dos gelos eternos. Com efeito, abri os olhos e vi que o meu animal galopava numa planície branca de neve, com uma ou outra montanha de neve, vegetação de neve, e vários animais grandes e de neve. Tudo neve; chegava a gelar-nos um sol de neve. Tentei falar, mas apenas pude grunhir esta pergunta ansiosa:

– Onde estamos?

– Já passamos o Éden.

– Bem; paremos na tenda de Abraão.

– Mas se nós caminhamos para trás! redarguiu motejando a minha cavalgadura. Fiquei vexado e aturdido. A jornada entrou a parecer-me enfadonha e extravagante, o frio incômodo, a condução violenta, e o resultado impalpável. E depois – cogitações de enfermo – dado que chegássemos ao fim indicado, não era impossível que os séculos, irritados com lhes devassarem a origem, me esmagassem entre as unhas que deviam ser tão seculares como eles. Enquanto assim pensava, íamos devorando caminho, e a planície voava debaixo dos nossos pés, até que o animal estacou, e pude olhar mais tranquilamente em torno de mim. Olhar somente; nada vi, além da imensa brancura da neve, que desta vez invadira o próprio céu, até ali azul. Talvez, a espaços, me aparecia uma ou outra planta, enorme, brutesca, meneando ao vento as suas largas folhas. O silêncio daquela região era igual ao do sepulcro: dissera-se que a vida das coisas ficara estúpida diante do homem.

(Machado de Assis, 1979b: 520-1)

Quando, no capítulo "Ler e escrever: a especificidade do texto literário", defini texto, afirmei que ele se caracteriza por ser um todo de sentido, decorrente do fato de apresentar uma unidade temática, isto é, estar centrado num tema.

Não se deve confundir tema com título, pois nem sempre há coincidência entre ambos. Lembre-se de que o tema representa a resposta à pergunta: de que o texto fala? No texto de Machado há essa coincidência: o texto tem por tema o delírio, que é também título.

Um mesmo tema pode ser tratado por tipos de texto diversos. Um tratado de medicina não falaria do delírio da mesma forma que Machado falou (embora pudessem dizer coisas muito semelhantes). Um texto científico seria temático, seu autor se valeria de um tipo textual expositivo, se quisesse transmitir ao leitor um conhecimento, uma informação; ou argumentativo, caso quisesse levar o leitor a crer em algo. A linguagem seria objetiva. Normalmente, esse texto seria publicado numa revista científica ou de divulgação científica. No primeiro caso, o autor se valeria de linguagem técnica porque seu destinatário é a comunidade científica; no segundo, a variedade culta da língua, porque o destinatário é o público em geral.

O texto de Machado não se encaixa no discurso científico, mas no discurso literário. Sua finalidade não é expor um saber, mas narrar um fato: o delírio da personagem. É evidente que, pela leitura do texto, adquire-se um saber, mas este não é transmitido de forma objetiva, didática. Trata-se de texto narrativo e é pela narração de um fato que se transmite um saber.

124 Da leitura literária à produção de textos

Observe que no texto há mudanças de estado e temporalidade, marcadas não só por verbos (trata-se da narração de um fato passado), mas também por indicadores temporais como *primeiramente*, *em seguida*, *ultimamente*, advérbios que marcam a passagem do tempo cronológico da narrativa.

Como destaquei no capítulo "Ler e escrever: a especificidade do texto literário", o texto é também um objeto de comunicação entre sujeitos. O narrador, no caso a própria personagem, sujeito do delírio, toma a palavra e a dirige ao leitor, ao qual faz uma referência direta, como se observa logo no início do texto "Se o *leitor* não é dado à contemplação destes fenômenos mentais, pode saltar o capítulo; vá direto à narração".

Trata-se de uma narrativa em 1ª pessoa, como se pode observar pelos indicadores linguísticos espalhados por todo o texto, e que já podem ser observados na frase que abre a narrativa: "Que *me conste*, ainda ninguém relatou o seu próprio delírio; *faço-o eu*, e a ciência *mo* agradecerá". Quanto à categoria pessoa, trata-se de um texto enunciativo, já que há a projeção de um *eu* no enunciado.

Como já se sabe, os textos em 1ª pessoa produzem um efeito de sentido de subjetividade e são comuns em gêneros como poemas líricos, memórias, autobiografias, cartas e relatos pessoais, diários, relatórios etc. Os textos em 3ª pessoa produzem efeito de sentido de objetividade, por isso são adequados para a produção de textos argumentativos e expositivos, como artigos, teses, dissertações de mestrado, TCCs, editoriais etc.

Por que esse texto de Machado de Assis é narrado em 1ª pessoa e não em 3ª? Simplesmente porque a intenção não era discorrer de forma objetiva sobre o delírio, o autor não pretendeu em nenhum momento fazer um artigo científico, mas narrar uma experiência subjetiva. Se quisesse falar objetivamente sobre o delírio, usaria um texto expositivo, escrito em 3ª pessoa.

"O delírio" é um texto figurativo. Basta observar o predomínio de palavras concretas, com predominância daquelas que remetem a sensações visuais: "[...] *barbeiro chinês, bojudo, destro, escanhoando um mandarim* [...]; *Suma Teológica de São Tomás, impressa num volume, e encadernada em marroquim*, com *fechos de prata e estampas* [...]"; "[...] vi chegar um *hipopótamo*, que me *arrebatou* [...]". As figuras são invólucros que revestem os temas. Isso significa que, no processo de leitura, o leitor tem de descobrir o que as figuras "escondem" para chegar aos temas.

Abro um parêntese para reproduzir um trecho do verbete *delírio* do *Dicionário Houaiss*. Verbetes de dicionários e enciclopédias são textos expositivos, na medida em que têm por objetivo transmitir um saber de forma objetiva:

> Problema mental orgânico reversível, cujos sintomas são: decréscimo da vigilância, desorientação espaçotemporal, confusão, ilusão, interpretação delirante da realidade, alucinações visuais, auditivas, táteis etc.

O que o *Dicionário Houaiss* diz coincide com o que é dito no texto de Machado. A narrativa mostra o seguinte:

1. o problema mental (o delírio) do narrador foi reversível. No final desse capítulo, o narrador retorna à realidade, à situação de equilíbrio;
2. desorientação espaçotemporal: "[...] a viagem me parecia sem destino[...]"; "Onde estamos?";
3. alucinações visuais, auditivas, táteis etc.: o narrador se vê transformado em outras coisas; um hipopótamo (um animal lerdo) o arrebata e sai em vertiginosa carreira;
4. confusão, ilusão, interpretação delirante da realidade: estão presentes no texto todo.

O texto de Machado, por meio de uma linguagem simbólica, transmite ao leitor com muita precisão o que é o delírio e o que se passa no cérebro do delirante, o que vê, o que sente, seus medos, suas dúvidas, o que não seria alcançado se o foco narrativo escolhido fosse a 3ª pessoa.

Quanto ao tempo, trata-se de narração de um fato passado, como se pode observar pelos verbos no pretérito perfeito (*tomei, senti, vi, deixei, atrevi, abri* etc.), que exprimem as ações concluídas e no pretérito imperfeito (*pagava, falava, sentia, ia, via, aumentava, galopava* etc.), que exprimem ações em seu desenvolvimento. O delírio é algo concluído que se situa no passado. Os verbos no imperfeito assinalam as ações passadas em sua duração durante o delírio. Têm aspecto durativo, portanto. Observe que esse passado é um tempo anterior ao momento da enunciação, que é o presente (o *agora*). A narrativa começa por um narrador dizendo no presente o que irá fazer ("[...] faço-o eu [...]"). No caso, o verbo *fazer* tem aspecto incoativo, isto é, concebe a ação em seu início: eu começo agora a fazer o relato do meu próprio delírio. Os fatos passados são ordenados temporalmente do passado para o futuro e marcados por expressões que exprimem temporalidade: "primeiramente"; "logo depois"; "ultimamente", isto é, por último.

"O delírio" dá uma aula de como se deve começar um texto. Os textos bem escritos (literários ou não) costumam prender o leitor logo nas primeiras linhas, instigando-o a continuar a ler. Quando um texto começa mal, as chances de o leitor desistir logo no início aumentam muito. Você, evidentemente, quer que seus textos sejam lidos do começo ao fim, por isso muita atenção já nas primeiras linhas, pois são elas que determinam se seu texto será ou não lido integralmente.

Veja como Machado começa a sua narração: "Que me conste, ainda ninguém relatou o seu próprio delírio; faço-o eu, e a ciência mo agradecerá". De início, o narrador estabelece um diálogo com o leitor para lhe dizer que vai relatar algo que provavelmente ninguém nunca fez, ou seja, diz que, nas próximas linhas, o leitor encontrará algo novo, interessante.

Trazer a figura do leitor à narração é um recurso usado por quem escreve para estabelecer cumplicidade com o leitor, que se sentirá valorizado, como se o autor estivesse narrando só para ele. Isso se faz pelo uso do vocativo, expressão linguística pela qual o narrador interpela o leitor. Para dar maior efeito de proximidade, pode-se caracterizar o substantivo que nomeia o destinatário por meio de um adjetivo: *caro leitor, atento leitor, perspicaz leitor* etc.

> O uso de adjetivo antes ou depois do substantivo produz efeitos de sentido diferentes. Via de regra, o adjetivo anteposto tem valor subjetivo; o adjetivo posposto, valor objetivo. Compare: atento leitor / leitor atento; perspicaz leitor / leitor perspicaz.
>
> Em outros casos, a colocação do adjetivo antes ou depois do substantivo altera completamente o significado. Observe: alto funcionário (funcionário graduado) e funcionário alto (de estatura elevada).

Mais: o que vai relatar não é apenas interessante, possui também valor científico ("a ciência mo agradecerá"), e dirige-se ainda ao leitor, insistindo que deva ler o que escreveu, mesmo que não tenha interesse no assunto. Como se pode ver, já no primeiro parágrafo o autor "fisgou" o leitor para ler seu texto.

O texto de Machado é apenas um exemplo de como se deve iniciar um texto. Você encontrará em outros textos literários exemplos de bons começos; por isso, ao lê-los, fique atento em observar as estratégias usadas para fisgar o leitor e passe a fazer uso delas em seus próprios textos.

Transcrevemos a seguir, a título de exemplo, alguns inícios de obras literárias que consideramos muito bons para que você observe as estratégias usadas pelos autores para abrir seus textos.

> "Quando certa manhã Gregor Samsa acordou de sonhos intranquilos, encontrou-se em sua cama metamorfoseado num inseto monstruoso." (início de *A metamorfose*, de Franz Kafka)

"Todas as famílias felizes são iguais. As infelizes o são cada uma à sua maneira." (início de *Ana Kariênina*, de Liev Tolstoi)

"Ali pelo oitavo chope, chegamos à conclusão de que todos os problemas eram insolúveis." (início de *O amanuense Belmiro*, de Cyro dos Anjos)

"Se querem mesmo ouvir o que aconteceu, a primeira coisa que vão querer saber é onde nasci, como passei a porcaria da minha infância, o que os meus pais faziam antes que eu nascesse, e toda essa lenga-lenga tipo David Copperfield, mas, para dizer a verdade, não estou com vontade de falar sobre isso. Em primeiro lugar, esse negócio me chateia e, além disso, meus pais teriam um troço se contasse qualquer coisa íntima sobre eles. São um bocado sensíveis a esse tipo de coisa, principalmente meu pai. Não é que eles sejam ruins – não é isso que estou dizendo – mas são sensíveis pra burro." (início de *O apanhador no campo de centeio*, de J. D. Salinger)

"Muitos anos depois, diante do pelotão de fuzilamento, o Coronel Aureliano Buendía havia de recordar aquela tarde remota em que seu pai o levou para conhecer o gelo." (início de *Cem anos de solidão,* de Gabriel García Márquez)

"Lolita, luz de minha vida, labareda em minha carne. Minha alma, minha lama. Loli-ta: a ponta da língua descendo em três saltos pelo céu da boca para tropeçar de leve, no terceiro, contra os dentes. Lo. Li. Ta." (início de *Lolita*, de Vladimir Nabokov)

"Trata-me por Ishmael." (início de *Moby Dick*, de Herman Melville)

O TEXTO ARGUMENTATIVO

Argumentar, segundo o *Dicionário Houaiss*, é "apresentar fatos, ideias, razões lógicas, provas etc. que comprovem uma afirmação, uma tese".

Todo texto é produzido com uma finalidade e procura obter do leitor uma resposta. Nos textos argumentativos, a finalidade é convencer o leitor e a resposta que se espera é que ele adira ao ponto de vista defendido. Em suma: na argumentação, objetiva-se um *fazer-crer*, o autor quer persuadir o leitor a aceitar seu ponto de vista como verdadeiro. O bom texto argumentativo é aquele que consegue, com eficácia, persuadir.

Textos argumentativos são predominantemente temáticos, isto é, a persuasão é obtida principalmente por meio de conceitos, de ideias, obedecendo a um raciocínio lógico. As relações entre as ideias não são, como nos textos narrativos, estabelecidas por nexos temporais, mas por relações de causa e efeito, finalidade, concessão, condição, comparação, oposição, conclusão, explicação.

No quadro a seguir, destaco as principais palavras usadas para estabelecer esses tipos de relação lógica entre partes do texto. Nas gramáticas, essas palavras são chamadas de conjunções ou conectivos.

128 Da leitura literária à produção de textos

Quadro 1 – Palavras que estabelecem relações lógicas entre segmentos do texto.

Tipo de relação	Conectivo
Causa e efeito	porque, visto que, já que, como etc.
Finalidade	a fim de que, para que etc.
Concessão	embora, ainda que, mesmo que etc.
Condição	se, caso, contanto que, desde que etc.
Comparação	como, mais que, menos que etc.
Oposição	mas, porém, todavia, contudo etc.
Conclusão	logo, portanto etc.
Explicação	pois, porque etc.

O texto argumentativo aparece em gêneros como o sermão, editorial, artigo de opinião, dissertação, alegações em um julgamento, recursos a autoridades. Do ponto de vista linguístico, predominam o encadeamento lógico de orações, modalizadores, operadores argumentativos e verbos que introduzem opiniões.

Operadores argumentativos são palavras utilizadas para introduzir vários tipos de argumentos que apontam para determinadas conclusões. Do ponto de vista gramatical, funcionam como operadores argumentativos os conectivos (notadamente as conjunções) e os advérbios. Exemplos de palavras que funcionam como operadores argumentativos: *mas, porém, todavia* (introduzem argumento que se opõe ao que foi dito); *logo, portanto, então* (introduzem argumento que direciona para uma determinada conclusão).

Modalizadores são expressões e categorias linguísticas que exprimem a atitude do enunciador em face daquilo que enuncia. Os modos verbais expressam modalidades: o indicativo, certeza; o subjuntivo, dúvida, possiblidade; o imperativo, ordem, pedido. Alguns verbos também funcionam como modalizadores, normalmente modificando outro verbo: *quero* viajar, *devo* sair, *posso* emprestar. Expressões adverbiais também são empregadas como modalizadores. Exemplos: *talvez, possivelmente* (dúvida); *certamente, sem dúvida alguma* (certeza).

Ressalvo que o que foi apresentado refere-se ao texto argumentativo em sentido estrito, já que, em sentido amplo, todo texto é produzido para persuadir alguém. Uma fábula, por exemplo, é um texto narrativo, mas se conta uma história para convencer o leitor de que deve agir de uma forma e não de outra. Uma propaganda que descreve um produto pretende levar o leitor a querer ter para si o produto a que se refere.

O TEXTO EXPOSITIVO

Trata-se de um tipo textual que visa transmitir um saber. Parte-se do pressuposto de que o leitor não sabe X e a leitura do texto vai lhe transmitir X. O exemplo típico de texto expositivo é o texto didático. Trata-se de um tipo textual que recorre a procedimentos cognitivos, como a análise e a síntese de conceitos, estabelecendo relações de causa e efeito entre eles. No primeiro caso, parte-se do geral para particular e no segundo, o inverso.

Embora pertença à língua falada, um ótimo exemplo desse tipo de texto é a aula expositiva. Você já assistiu a várias e sabe, portanto, como ela funciona. Há um enunciador que detém um saber e quer fazer com que seus alunos adquiram esse saber. Para isso, vai organizar sua exposição de forma lógica, apresentando os conceitos e mostrando a relação existente entre eles.

Nos textos expositivos, o enunciador faz uso de definições, exemplos, comparações, enumerações, dados. Diferentemente do que ocorre com os textos narrativos, os expositivos não apresentam temporalidade e, quanto ao espaço, ele é genérico. Nesse tipo de texto, a clareza e a objetividade da exposição são essenciais para se atingir o objetivo proposto.

Do ponto de vista linguístico, os textos expositivos apresentam os verbos no presente do indicativo. Como se trata de texto com propósitos didáticos, sua presença nos textos literários é pouco frequente. Além da aula, são também exemplos de textos expositivos os verbetes de dicionários e enciclopédias e os livros didáticos.

FECHANDO O CAPÍTULO

Produzir um texto implica planejamento. Dentre várias possibilidades, temos de proceder a escolhas, por isso afirmei que escrever envolve estratégias. Escolhas inadequadas comprometem o texto, fazendo com que ele não atinja os objetivos propostos.

São várias as escolhas que temos de efetuar. Neste capítulo, chamei a atenção para os tipos textuais. Dependendo do propósito comunicativo, deve-se optar por narrar, descrever, argumentar ou expor. Cada um desses tipos tem suas características, tanto do ponto de vista linguístico quanto estrutural.

Os textos são produto da enunciação. Neles, as marcas linguísticas do enunciador podem estar presentes ou apagadas. Isso significa que, ao produzir textos, tem-se de escolher entre um texto enunciativo (haverá a projeção de um *eu* no enunciado) ou enuncivo (o *eu* que fala será camuflado). A opção por uma forma ou outra não é arbitrária, mas determinada pelos efeitos de sentido que se pretendem produzir, bem como do gênero e tipo textual. Como você vê, a produção de um texto começa bem antes da redação propriamente dita.

SUGESTÕES DE ATIVIDADES

1. Como a proposta deste livro é mostrar que os textos literários não se constituem apenas em leitura de fruição e que podem servir de modelos para a produção de textos de outras áreas do saber, apresento um texto, seguido de questão da Universidade Federal de Alagoas, que trata exatamente disso. Leia-o e responda à questão proposta.

> **A importância da Literatura... para a Engenharia**
>
> A motivação deste texto adveio da frequência com a qual tenho me deparado, ao longo dos quase dez anos como docente da Escola de Engenharia da UFMG, com a velha frase: "O último livro que li foi para o vestibular". O desalento da frase é agravado (salvo exceções) nos trabalhos, pelos textos incompreensíveis, nos quais sujeitos, predicados, objetos diretos e vírgulas digladiam-se em batalhas cruentas, que nem os corretores ortográficos conseguem minimizar.
>
> O contato com a Literatura não é apenas benfazejo como forma de aprimoramento da expressão oral e escrita. Também fomenta o desenvolvimento do raciocínio abstrato, imprescindível para os estudos de matemática e física, dois pilares das Ciências Exatas e das Engenharias. Todavia, o usufruir da Literatura requer inevitavelmente uma dose de solidão que, parece, os nossos alunos não conseguem se dar. Diferentemente da minha geração, há hoje permanente possibilidade e perspectiva de contato a qualquer tempo (celular), em qualquer lugar (Internet). Desfrutar do prazer da Literatura é essencialmente um momento do exercício da individualidade. Da escolha do livro ao tempo gasto para a leitura.
>
> Em outro contexto, talvez o mais importante, a Literatura influencia a forma de ver o mundo, suscita reflexões, sedimenta valores. Pelo muito que desvela e pelo muito que vela. Lembro-me do impacto de uma obra-prima da escritora belgo-francesa Marguerite Yourcenar, *Alexis – o tratado do vão combate*, que li na juventude e venho relendo pela vida afora, sempre com renovado prazer. Na Literatura nacional, não se passa incólume pelas páginas de *Vidas secas*, *O tempo e o vento*, *Tereza Batista cansada de guerra* ou *Capitães de areia*, sem refletir sobre a nossa realidade, apresentada a cada dia com disfarces imperfeitos. [...]
>
> Recentemente, reli um daqueles exemplares – *Werther* –, cujas folhas já traziam as manchas indeléveis do tempo. O romance marcante da minha adolescência (a)pareceu-me pueril na idade madura. Com a decepção desta releitura, pude redescobrir (em verdade confirmar) velha assertiva.
>
> Há livros adequados para cada fase da nossa existência.

Por fim, muito do meu apreço pela Literatura advém do saber o quão árdua é a produção de um texto. Mesmo científico. Levamos, por vezes, dias para finalizar um parágrafo, na renovada frustração da busca da palavra mais adequada, da frase mais elegante, enfim, na construção do texto mais envolvente. Como na elaboração deste artigo. Situação paradoxal em relação ao tempo despendido por você, leitor, se porventura conseguiu chegar até aqui.

(Marcelo Libânio. *Boletim Informativo da UFMG*, ano 29, nº 1398, 29 maio 2003. Adaptado.)

No que se refere às características tipológicas do texto, é correto afirmar que ele:

a. é um texto prioritariamente descritivo, o que se revela principalmente pela forte adjetivação, a qual lhe dá um "colorido" especial.

b. apresenta de maneira bastante explícita as características de uma narração, com personagens, tempo e cenário bem marcados.

c. apesar de ser escrito na primeira pessoa do singular, configura-se como uma dissertação, na qual se defende um ponto de vista.

d. embora seja narrativo, apresenta diversos trechos descritivos, que contribuem para alcançar os sentidos pretendidos pelo autor.

e. é um texto impossível de ser classificado, porque as características da descrição, da narração e da dissertação estão presentes na mesma proporção.

2. Um mesmo tema pode ser tratado não só por gêneros textuais diferentes, mas também por tipos textuais diversos.

A escolha do gênero e do tipo está relacionada diretamente ao propósito comunicativo. Como o texto é objeto de comunicação entre sujeitos, tem de se levar em conta para quem se escreve a fim de adequar a linguagem e o grau de aprofundamento do tema em função do leitor. Não se pode esquecer também qual o veículo que se usará para fazer chegar o texto ao leitor. Dependendo dessas variáveis, obtêm-se textos completamente diferentes, embora possam estar tratando do mesmo tema.

Sua tarefa consistirá no seguinte: escrever três textos sobre o tema *A violência nos estádios de futebol*, obedecendo às seguintes instruções:

Texto 1: uma carta argumentativa para ser publicada num jornal. Lembre-se de que as cartas publicadas em jornais têm tamanho reduzido para que o jornal possa apresentar diversas cartas. O público são os leitores de um jornal de grande circulação.

Texto 2: um texto expositivo para ser veiculado em um panfleto que será distribuído a torcedores na entrada de um estádio em dia de jogo com grande público.

Texto 3: um texto narrativo para ser distribuído a alunos de uma escola pública para que eles se conscientizem do problema.

3. Leve em consideração que todo texto tem um caráter persuasivo. Escreve-se não apenas para comunicar algo, mas também para obter do leitor uma resposta, isto é, pretende-se que o texto leve o leitor a fazer algo. Para isso, é necessário "fisgá-lo", fazendo-o aceitar o texto.

Um bom título é capaz de atrair o leitor, mas nada adiantará se o corpo do texto não for bom; pois, caso isso ocorra, ele abandonará a leitura antes do final do texto. Por isso:

a. seja claro;
b. seja objetivo;
c. seja conciso.

SUGESTÕES DE LEITURAS

Abreu, Antônio Suárez. *A arte de argumentar*. 10. ed. São Paulo: Ateliê, 2007.
> Livro bastante didático sobre argumentação. Simples e objetivo, é recomendado a quem quer se iniciar nos estudos de textos argumentativos.

Citelli, Adilson. *O texto argumentativo*. São Paulo: Scipione, 1994.
> Com fundamento na retórica, o autor explica com bastante clareza e com inúmeros exemplos os recursos que conferem força argumentativa aos textos.

Ferreira, Luiz Antonio. *Leitura e persuasão*: princípios de análise retórica. São Paulo: Contexto, 2010.
> Outro livro voltado aos textos do tipo argumentativo com fundamento na retórica. O autor mostra os recursos presentes nos textos que agem sobre o leitor/ouvinte a fim de persuadi-los.

Fiorin, José Luiz. *Argumentação*. São Paulo: Contexto, 2015.
> Trata-se de livro voltado aos temas da argumentação e da persuasão. Em linguagem clara, o autor mostra, com base nos estudos da retórica e da linguística e com inúmeros exemplos, que a argumentação é constitutiva de todos os textos.

Garcia, Othon M. *Comunicação em prosa moderna*. 7. ed. Rio de Janeiro: Editora da FGV, 1978.
> Outro livro indispensável a quem quer dominar as técnicas de produção textual. Na terceira parte, o autor discute em profundidade e com farta exemplificação as características do parágrafo e como desenvolvê-lo.

Terra, Ernani. Os gêneros textuais. In: *Leitura do texto literário*. São Paulo: Contexto, 2014.
> Ao tratar dos gêneros textuais, o autor também se debruça nos tipos de texto, mostrando as características de cada um deles.

Leitura e escrita e novas tecnologias

O percurso que se iniciou nas primeiras páginas deste livro se aproxima do final. Não poderia terminar esta obra sem dizer algumas palavras sobre os novos suportes em que hoje os textos circulam. Novas tecnologias alteraram a forma de produção e de recepção dos textos. Atualmente, a prática da leitura e da escrita está intimamente relacionada a tecnologias digitais. As grandes transformações na leitura e produção do texto ocorreram, como você verá neste capítulo, sobretudo no suporte em que os textos são veiculados.

Quanto aos textos em si, as modificações não foram (pelo menos ainda) tão substanciais. Uma piada enviada por WhatsApp não difere em quase nada de uma piada que se conta pessoalmente a um ouvinte, ou transmitida pela TV num programa humorístico. Um currículo enviado a uma empresa por e-mail não apresenta diferenças de um currículo entregue pessoalmente ou enviado por carta. Ou seja, os textos se materializam em gêneros, a mudança do canal pelo qual são transmitidos não altera o gênero.

Em síntese: o que apresentei nos capítulos anteriores vale, da mesma forma, para textos digitais, o que significa que a literatura é também um ótimo modelo para a produção de textos que circulam pela internet.

UMA BREVE HISTÓRIA DA LEITURA

Neste livro chamei sua atenção para o fato de que os gêneros do discurso não são categorias estáveis, pois sofrem modificações não só em sua estrutura composicional, estilo e temática, como também na forma de transmissão.

Poesia e conto, por exemplo, manifestaram-se primeiro oralmente. Só depois vieram conhecer a forma escrita. Isso revela um fato importante: tanto a escrita quanto a leitura têm uma história, o que significa que não se lê hoje da mesma forma como se lia na Idade Média. Não se usam mais papiro e pergaminhos como suportes para os textos. Atualmente se lê nas telas de computadores, *tablets* e *smartphones*. Os textos não estão mais armazenados em folhas de papel, mas numa gigantesca "nuvem", que pode ser acessada a qualquer momento, em qualquer lugar.

Como destaquei, a leitura e a escrita têm uma história muito antiga. Transformações nos suportes alteraram a maneira de as pessoas se relacionarem com os textos. Uma das grandes revoluções foi a mudança do rolo para o códice, uma espécie de avô do livro de papel, nos séculos II ao IV.

O rolo era um instrumento em que se enrolavam folhas de papiro ou de pergaminho. Para ser lido, era preciso desenrolá-lo. Esse tipo de suporte apresentava algumas desvantagens: a) para ler, tinha-se de ficar em pé; b) não se podiam fazer anotações enquanto se lia, já que as mãos estavam ocupadas segurando o rolo; c) só se utilizava um dos lados do suporte; d) a quantidade de texto que cabia num rolo era pequena, de modo que um texto longo tinha de ser dividido em vários rolos.

Em relação aos textos que circulavam em rolos de pergaminho, o códice apresentava as seguintes vantagens: a) permitia que o leitor tivesse as mãos livres, pois não precisava segurar o rolo, podendo, dessa forma, fazer anotações; b) era possível usar os dois lados do pergaminho (frente e verso), o que, além de baratear o custo, possibilitava a inserção de uma quantidade de texto maior.

Com os códices foi possível a paginação, a inserção de índices e referências, a subdivisão do texto em capítulos, tal como nos atuais livros impressos em papel. A leitura que se faz hoje de textos digitais guarda algo dos antigos rolos e códices. Os textos digitais apresentam páginas que, para serem lidas, rolam-se verticalmente, como nos antigos rolos de pergaminho.

O século XII vê surgir uma nova prática até hoje utilizada: a leitura silenciosa. Isso só foi possível graças à inserção de espaços em branco entre as palavras, facilitando muito o processo de ler, tornando a leitura mais rápida. A separação das palavras do texto é responsável pelo surgimento dos sinais de pontuação como os conhecemos hoje. Maingueneau (2006: 224) afirma que "a ausência de separação na escrita vincula-se a um tipo de leitura lenta, na maioria das vezes em voz alta, que implica um conhecimento muito bom da língua em que se lê".

No século XV, ocorre uma grande revolução que mudaria radicalmente não apenas as práticas de leitura, como também a circulação dos textos: a invenção da imprensa por Gutenberg. Os textos, que antes eram manuscritos e copiados, agora podiam ser produzidos em escala industrial. O livro existia antes de Gutenberg, mas graças à invenção da imprensa, o número de leitores aumentou significativamente. Sobre isso, Maingueneau (2006: 221) afirma:

> A imprensa acentuou com vigor os efeitos da escrita. Ao oferecer a possibilidade de imprimir um número considerável de textos perfeitamente idênticos, proporcionou aos leitores uma autonomia ainda maior, libertando-os das oficinas dos copistas. Ao reduzir os custos de fabricação e encurtar os prazos de difusão, permitiu o surgimento de um verdadeiro mercado da produção literária. Propiciou igualmente o ideal de uma educação universal mediante o acesso de todos a um *corpus* de obras.

Destaco que a revolução proporcionada por Gutenberg só foi possível em decorrência da existência de uma escrita alfabética e da invenção do papel, um material muito mais barato que o pergaminho.

Nas últimas décadas do século XX, o mundo assiste a uma nova revolução nas práticas de leitura e escrita: a leitura e escrita digitais. É nessa época que se vive hoje e que está ainda em seu começo. A velocidade em que as transformações digitais ocorrem provoca uma situação angustiante, já que o que se fala agora poderá estar desatualizado em pouquíssimo tempo. Há alguns anos, usavam-se discos flexíveis (disquetes) para armazenar arquivos produzidos em computador. Hoje disquetes são peças de museu.

A LITERATURA NA ERA DIGITAL

As novas tecnologias também alteraram a circulação dos textos literários. Se antes romances, contos, poemas só estavam disponíveis em livros físicos, hoje eles podem ser encontrados em *e-readers* ou baixados na internet. Há diversas plataformas que armazenam textos literários, os quais estão em domínio público e podem ser lidos sem qualquer custo, como o site www.dominiopublico.gov.br, em que se encontram obras de diversos autores, inclusive estrangeiros.

Mesmo em plataformas pagas, livros digitais costumam atrair o leitor pelo preço, que costuma ser bem inferior ao da versão impressa. Um exemplo é o site *Formas breves* (http://www.e-galaxia.com.br/publisher/formas-breves/), que publica semanalmente um conto novo. O preço é bastante acessível: R$ 1,99. Lá você encontra textos de autores nacionais e estrangeiros, como Ana Cristina Cesar, Caio Fernando Abreu, Elvira Vigna, Javier Cercas, João Anzanello Carrascoza, José Luiz Passos, Ricardo Piglia, Umberto Eco, Victor Heringer, entre outros.

Há ainda serviços de leitura via *streaming*, como o oferecido pelo Scribd. O usuário paga uma mensalidade para acessar de forma ilimitada uma vasta biblioteca de títulos. Algo muito semelhante ao que faz a Netflix com filmes e séries.

O acesso ao livro no Brasil sempre foi privilégio de uma minoria, mas com a internet, inegavelmente, o acesso se ampliou muito. Veja o que diz a esse respeito Dominique Maingueneau (2006: 106):

> A internet oferece mesmo a seus usuários mais comuns alguns poderes do espaço literário tradicional. No antigo regime da literatura, o acesso à produção de enunciados oferecido a um público era drasticamente limitado; com a web, consideráveis populações podem participar de dois espaços, passar todos os dias algumas horas comunicando-se no âmbito de modalidades que não recorrem à interação comum, oral ou escrita, aquele em que indivíduos socialmente identificáveis se comunicavam em espaços sujeitos a restrições espaciais e temporais. Tal como na literatura, em que o próprio enunciado impõe seu contexto, aquele enviado pela web define a identidade de seu locutor, o lugar e o momento de sua emissão: já não há acesso a um contexto dado, mas a uma enunciação que institui suas próprias coordenadas.

As modificações trazidas pela internet não se restringem às práticas de leitura, também trouxeram mudanças nas práticas de produção de textos. Uma delas diz respeito à autoria. No livro físico, a autoria é normalmente atribuída a uma pessoa: Machado de Assis, Gustave Flaubert, Guimarães Rosa. Na internet, é comum a autoria compartilhada: um mesmo texto resulta da produção de vários autores. Os *fanfics*, abreviação de *fanfiction*, representam uma nova forma de leitura e produção textual, possível graças à internet. Uma pessoa, o fanfiqueiro, posta seu texto num blog ou num site, mas esse texto está aberto a modificações por parte de outros usuários, ou do próprio autor original, por sugestão de seus leitores. Por outro lado, passou a ser frequente a falsa autoria, que consiste em atribuir a um autor conhecido, como Clarice Lispector, Fernando Pessoa, Luis Fernando Verissimo, textos que eles jamais escreveram. Por essa razão, a citação de textos tirados da internet deve ser feita sempre em sites confiáveis, devendo-se conferir a autoria do texto e a veracidade da informação, evitando dessa forma a disseminação de *fake news*, tão comuns hoje nas redes sociais.

Encerrando esta seção, chamo sua atenção para o fato de que os autores não escrevem livros, escrevem textos, que se tornam livros, e-books, audiolivros, que estão disponíveis em livrarias, em bibliotecas, na internet... e que, segundo Cavallo e Chartier (2002: 9), são "manejados de diferentes formas por leitores de carne e osso cujas maneiras de ler variam de acordo com as épocas, os lugares e os ambientes".

REVISITANDO A NOÇÃO DE TEXTO

Em face das novas tecnologias, sou obrigado a rever a noção de texto apresentada no capítulo "Ler e escrever: a especificidade do texto literário". Destaquei que o texto deve ser percebido sob dois aspectos: a) pela sua organização, que faz dele um todo de sentido; b) como objeto de comunicação entre sujeitos. Falei ainda que o texto resulta da superposição de dois planos que se pressupõem: a) uma expressão, de ordem material; b) um conteúdo, de ordem cognitiva. Em suma: o texto transmite um conteúdo, o sentido do texto, por meio de uma expressão que pode ser verbal, não verbal ou sincrética.

Textos literários são normalmente associados a uma expressão verbal. A própria palavra literatura remete à letra, sinal gráfico usado para representar sons. Embora haja textos literários cujo plano da expressão não esteja restrito à linguagem verbal, como a poesia concreta, o mais comum é que seja manifestado por meio dessa linguagem.

Com as novas tecnologias, o plano da expressão dos textos pôde se ver livre do aspecto coercitivo do discurso, que obriga a dispor as palavras uma após as outras horizontalmente. Isso teve como consequência um outro tipo de texto, o *hipertexto*.

Como afirmei na seção "Uma breve história da leitura", nas últimas décadas do século XX assistiu-se a mais uma revolução nas práticas de leitura e escrita: a passagem do texto da folha de papel impresso para as telas de computadores, *tablets* e *smartphones*. Textos que antes estavam armazenados em bibliotecas físicas, às vezes de difícil acesso, agora estão disponíveis a um simples clique ou toque na tela. O acesso aos textos é mais rápido. O armazenamento e a conservação de livros físicos, um problema antigo, parece estar resolvido na medida em que se podem armazenar os livros em "nuvens". A atualização dos textos pode ser feita rapidamente, ao contrário do que ocorre com os livros impressos. Tudo isso levou muitas pessoas a decretarem a morte do livro de papel. No entanto, não é isso que se tem observado.

A tecnologia tem consolidado a substituição de livros de papel por digitais quando se trata de obras de consulta, como dicionários e enciclopédias, o que representa, sem dúvida, um enorme ganho em termos de espaço físico e acesso mais rápido ao que se busca. Por outro lado, a produção literária continua muito forte em livros de papel. É muito cedo ainda para se decretar o seu fim.

No entanto, é inegável que, com o advento da internet, práticas de leitura e escrita tiveram grandes modificações. Se ainda os romances são publicados em livros de papel, revistas científicas praticamente só existem no formato digital. Os grandes jornais têm sua versão digital ao lado da de papel. Alguns não têm mais a versão impressa, só a digital. Escolas e faculdades já fornecem o material didático aos alunos em plataformas digitais. A internet possibilitou que mais pessoas pudessem publicar seus textos, a custo zero, seja em blog, seja em redes sociais. Pessoas que nunca publicavam e que, portanto, não eram lidas, hoje veem seus textos serem lidos, discutidos e compartilhados com outros leitores. Assiste-se ao surgimento de uma geração de autores que nunca publicaram no formato livro de papel. Sem dúvida, a internet fez com que as pessoas passassem a escrever mais. Mensagens de textos são usadas cada vez mais no lugar de ligações telefônicas.

A internet trouxe outra grande vantagem, na medida em que nela circulam num mesmo lugar textos que antes circulavam em mídias separadas. Num mesmo suporte, podem-se ler textos, ouvir músicas, assistir a filmes, ver quadros e fotos... É o que se denomina de hipermídia, que consegue abarcar num mesmo espaço semióticas diferentes (textos, gráficos, sons, vídeos, imagens estáticas), tornando a relação gênero/suporte bastante fluida. Antes, a diferença entre um jornal e um romance, por exemplo, era observada em sua materialidade. O jornal, impresso num tipo de papel (papel-jornal), tinha determinado formato e leiaute; um romance era impresso em papel, encadernado, possuía uma capa. Hoje, jornal e romance podem ser lidos num mesmo suporte: a tela de um computador.

NAVEGAR É PRECISO

Com a internet, o verbo *navegar* passa a adquirir um novo significado, o de percorrer o ciberespaço. O *Dicionário Houaiss* apresenta a seguinte acepção para esse verbo: "consultar sequencialmente diversos hipertextos, acionando os *links* neles contidos para passar de um para o outro". No *Dicionário Aurélio*, temos a seguinte acepção: "percorrer interativamente hipertexto ou hipermídia, consultando uma sequência de documentos e determinando, a cada passo, qual documento será consultado a seguir". Em ambos os dicionários, está presente a ideia de passar de um lugar a outro sucessivamente e que o caminho a ser percorrido é decidido pelo leitor-navegador, que faz escolhas.

Evidentemente, ao se proceder a essas escolhas há sempre o risco de se perder, pulando de um texto a outro e não se lembrando mais de onde se tinha partido, resultando uma navegação sem rumo. Os PCN são claros ao afirmar que quem navega na rede tem de fazê-lo com critério, pois "a enorme quantidade e a variedade de informações exigem que o cidadão desenvolva a capacidade de selecioná-las, considerando seus objetivos, o que implica no desenvolvimento das capacidades de analisar, estabelecer relações, sintetizar e avaliar" (Brasil, 2000: 61). Não é sem razão que o navegador Safari, da Apple, tem como ícone uma bússola, chamando a atenção para o fato de que a navegação deve ser orientada.

O hipertexto

Na definição dada pelo *Houaiss* e pelo *Aurélio* para o verbete navegar aparece a palavra hipertexto. Que é afinal um hipertexto? Em que ele se distingue do texto?

A primeira diferença reside na linearidade. Enquanto o texto verbal é linear e sequencial, o hipertexto é reticular. Isso significa que sua leitura não precisa ser feita horizontalmente, podendo o leitor-navegador ter acesso instantâneo a outros textos, inclusive de planos de expressão diferentes, ou seja, de um texto verbal ele pode, instantaneamente, passar para um texto não verbal ou sincrético, como uma música, um quadro, um filme etc. e retornar ao texto verbal, conforme se vê na ilustração a seguir.

TEXTO

HIPERTEXTO

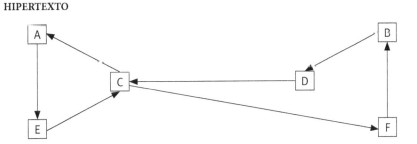

A ilustração mostra que o texto é lido sequencialmente, uma página após a outra. Se se alterar o sentido da leitura, o texto ficará incompreensível. Você já deve ter percebido isso quando, ao ler um livro, pula sem querer uma página. No hipertexto, como se vê, a leitura não precisa ser feita sequencialmente. De uma página vai-se a outra e tem-se a opção de retornar à página em que se estava usando o comando *back*.

O elemento do texto que possibilita essa passagem denomina-se *link*. Trata-se de um nó que amarra um texto em outro, bastando clicar nele para entrar num outro texto que, por sua vez, poderá conter também *links*, que, clicados, levarão para outros textos, que podem conter *links*... Enfim, são os *links* que permitem ao usuário navegar por mares nunca dantes navegados.

Ao escrever um texto, usando um processador de texto, o Word, por exemplo, basta você selecionar o local em que quer inserir o *link,* clicar em inserir *hiperlink* e marcar o endereço do arquivo ou da página para qual quer remeter seu leitor. No texto, esse *link* ficará não só gravado, como também será visível para o leitor-navegador. Na ilustração a seguir, o *link* foi colocado na palavra Houaiss.

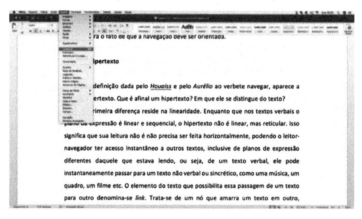

A seguir, transcrevo algumas definições de hipertexto, fornecidas por autores diversos.

Leão (2005: 15) define hipertexto como "um documento digital composto por diferentes blocos de informações interconectadas. Essas informações são amarradas por meio de elos associativos, os *links*. Os *links* permitem que o usuário avance em sua leitura na ordem que desejar".

Terra (2015: 32) afirma:

> [...] os *links* estabelecem ligações eletrônicas de blocos de informações, denominadas lexias, que podem ser formadas por textos, imagens, vídeos, sons etc. Como os hipertextos não são lineares e hierarquizados, o caminho da leitura não é dado previamente; ao fazer escolhas, o percurso é feito na medida em que se lê.

Para Elias (2005), "o hipertexto não é feito para ser lido do começo ao fim, mas, sim, por meio de buscas, descobertas e escolhas, destacando que a sua estrutura flexível e o acesso não linear permitem buscas divergentes por caminhos múltiplos no interior do hipertexto".

Para Koch (2005: 83):

> [...] o hipertexto é também uma forma de estruturação textual que faz o leitor, simultaneamente, um coautor do texto, oferecendo-lhe a possibilidade de opção entre caminhos diversificados, de modo a permitir diferentes níveis de desenvolvimento e aprofundamento de um tema.

Pelas definições apresentadas, pode-se chegar às seguintes conclusões:

a. o hipertexto tem uma estrutura reticular. O último w da sigla www significa exatamente rede (*web*, em inglês);

b. em decorrência disso, o hipertexto é acêntrico.

Encerrando essas considerações, chamo a atenção para o fato de que a criação dos *links* é da competência do produtor do hipertexto, cabendo ao leitor-navegador a opção de realizar ou não o *link*, ou seja, nada impede que a leitura de um hipertexto seja feita sequencialmente. Nesse caso, deixa de ser um hipertexto, transformando-se num simples texto.

A internet possibilitou a explosão de hipertextos, graças ao recurso de se pular de um texto a outro com apenas um clique. Cumpre ressaltar, no entanto, que textos impressos também podem apresentar recursos de hipertexto, como notas de rodapé e índices.

Embora os textos obedeçam à linearidade, na leitura que se faz deles realizam-se *links*, quando, por exemplo, se para numa palavra e se acessa um outro texto, um dicionário, por exemplo, para verificar o sentido dela. Isso significa que, na produção, o texto segue a linearidade, no entanto, na leitura, costuma-se quebrar essa linearidade, realizando *links* por conta própria para uma melhor apreensão do sentido, transformando o texto num hipertexto.

O e-mail

Quando se fala do hipertexto, destaca-se que ele abre possibilidades de leitura diferentes de um texto linear, na medida em que é o leitor-navegador quem escolhe o caminho da leitura, acessando os *links*. No entanto, a internet não alterou apenas as práticas de leitura, ela modificou também as práticas de escrita.

Para cumprir a função comunicativa que era preenchida pela carta tradicional, tem-se hoje o e-mail. Não compete aqui uma discussão se o e-mail é um gênero de texto ou apenas um suporte para a veiculação de textos. A questão é controversa, havendo posicionamentos de ambos os lados. Minha posição é que o e-mail é um suporte pelo qual se transmitem textos dos mais variados gêneros. Por meio dele pode-se enviar uma piada, uma receita culinária, um poema, um currículo, um artigo acadêmico, que são gêneros textuais. Atente ainda que a palavra e-mail provém do inglês *eletronic mail*, isto é, correio eletrônico.

Trata-se de uma forma de correio, ou seja, de um sistema que permite a entrega de mensagens. O e-mail, nesse caso, é apenas o veículo que se usa para fazer chegar ao(s) destinatário(s) o texto, ou um arquivo de imagem ou de som. Dizer que o e-mail é um gênero seria admitir que o Sedex dos Correios é também um gênero, o que não é verdade. Esta tese sustenta-se ainda no fato de que o texto enviado pode nem fazer parte do corpo do e-mail, seguindo como documento anexado. Assim, uma receita culinária mandada por e-mail apresentará as mesmas características do gênero caso fosse inserida num livro de culinária, ou seja, conterá as seções *Ingredientes* e *Preparo*. Na primeira, predominarão os nomes (dos ingredientes a serem usados). Na segunda, frases curtas, com verbo no imperativo (ou no infinitivo), linguagem centrada no destinatário (função conativa da linguagem). Não é porque é enviada por e-mail que uma receita deixará de ser receita. Portanto, ao enviar um texto por e-mail devem-se observar as mesmas características estruturais do gênero e do tipo textual, além da variedade de linguagem adequada em função do gênero e do destinatário. Um currículo deve ser redigido de acordo com as normas relativas ao gênero, não importando se você vai entregá-lo pessoalmente, se vai enviá-lo pelo correio ou se seguirá por um e-mail.

Uma regra importante que você deve observar na redação de e-mails é que o texto do corpo do e-mail deve ser curto e objetivo, isso exigirá que você se atenha exclusivamente ao assunto, que deve estar explicitado de forma clara no campo correspondente. Lembre-se de que, na era da comunicação eletrônica, o tempo é um fator determinante. Assim, quem escreve deve ter a preocupação de não tomar muito tempo do destinatário para a leitura. Normalmente, uma pessoa recebe muitos e-mails num dia. No mundo corporativo, esse número chega a centenas. Por outro lado, quem recebe um e-mail deve respondê-lo rapidamente, para evitar, inclusive, que ele fique esquecido na caixa de entrada.

Com a internet, o número de textos que chegam aos usuários ganhou proporções gigantescas, de sorte que passou a ser impossível ler todos eles. Quantidade não quer dizer necessariamente qualidade, o que obriga o leitor a aplicar filtros, fazendo uma seleção rigorosa do que vai ler. A quantidade de textos trouxe outro problema: as pessoas precisam dispor de mais tempo para ler. A solução adotada por grande parte das pessoas foi a de privilegiar textos curtos. Há um dado que se tem de levar em consideração: 70% dos acessos à internet hoje são feitos em *smartphones*. Isso revela que as pessoas acessam a internet quando estão em trânsito, no ônibus, numa fila no banco ou na espera de uma consulta médica, por exemplo. Mais um motivo que obriga quem vai publicar na internet a dar preferência a textos curtos. Com a possibilidade do hipertexto, o leitor abandona rapidamente o texto que está lendo a fim de buscar um mais simples, objetivo e curto.

Como hoje os textos chegam ao destinatário pela internet, é fundamental que você observe na produção deles a regra básica da concisão: vá direto ao assunto, evite rodeios, seja objetivo, não roube tempo do seu leitor, procure fisgá-lo já na primeira frase.

O WhatsApp

O WhatsApp é um aplicativo para troca de mensagens via internet e, assim como o e-mail, não é um gênero textual, da mesma forma que o Uber é um aplicativo e não um táxi. Presta-se a diversas funções sociocomunicativas: avisar, parabenizar, criticar, pedir, fofocar etc. Caracteriza-se por um alto grau de interatividade e, normalmente, é utilizado por pessoas que se conhecem. A pessoa para quem se manda o WhatsApp pertence à sua lista de contatos. Não se deve mandar por WhatsApp uma mensagem a quem não se conhece, o que pode ocorrer num e-mail, sem que haja constrangimentos de quem envia ou de quem recebe.

No capítulo "A poesia", falei no esquema da comunicação proposto pelo linguista russo Roman Jakobson. Naquele esquema, o e-mail e o WhatsApp correspondem ao canal, isto é, o suporte que permite que uma mensagem seja levada do remetente ao destinatário.

Uma regra básica na produção de textos é adequar a mensagem ao canal. Isso quer dizer que não se deve mandar um currículo por WhatsApp. Nessa situação, o adequado seria mandá-lo por correio, como carta registrada ou Sedex, ou anexado em um e-mail. Isso significa que, embora ambos sejam meios eletrônicos de transmissão de mensagens, devem ser usados em contextos diferentes.

Embora não seja uma regra que não admita exceções, você deve usar o WhatsApp para transmitir mensagens da esfera pessoal, deixando o e-mail como suporte para transmitir mensagens de caráter profissional; por isso, no mundo corporativo, as trocas de mensagens não devem ser feitas por WhatsApp, mas por e-mail.

Por WhatsApp são enviadas mensagens curtas e objetivas. Se você tiver de mandar uma mensagem mais longa, prefira o e-mail. A variedade de linguagem usada é normalmente a informal, ou seja, não há por parte de quem redige uma observância rigorosa aos padrões da norma culta, podendo inclusive conter abreviaturas, ausência de pontuação, não observância ao uso de iniciais maiúsculas etc. Os textos enviados são predominantemente verbais ou sincréticos, pois é comum o verbal vir acompanhado de *emojis* com função expressiva, para indicar raiva, riso, descrença, dúvida etc. Também podem ser enviados vídeos e mensagens de áudio. Por ser um aplicativo para transmissão de mensagens, o WhatsApp assemelha-se muito à conversação face a face, apresentando, assim, muitas das características dos textos conversacionais, que são as que se seguem.

a. Na conversação, interagem dois ou mais interlocutores. É cada vez maior o número de grupos de WhatsApp, normalmente reunidos em torno de um interesse comum: ex-colegas de escola; pais de alunos do colégio X etc.

b. Ao contrário do que ocorre na conversação oral, a natureza do aplicativo não permite as roubadas de turno, ou seja, cada interlocutor fala na sua vez, porque tem de esperar o outro enviar a mensagem para poder respondê-la.

c. Ao contrário da conversação oral, no WhatsApp a conversação pode não ser on-line, ou seja, o destinatário nem sempre responde à mensagem no momento em que a recebe, podendo fazê-lo posteriormente, tampouco a lê no instante em que foi enviada. Mesmo quando os interlocutores estão on-line, há um *delay* na conversação.

d. Na conversação via WhatsApp, os interlocutores não dispõem de recursos da fala, como o tom da voz, expressões faciais, gesticulação, na medida em que usam a língua escrita e não a falada.

e. Assim como na conversação face a face, os temas das conversas via WhatsApp ligam-se à vida cotidiana. Para outros assuntos, deve-se usar o e-mail.

f. É bastante frequente, no decorrer da conversação via WhatsApp, que o assunto que deu início à conversação seja deixado de lado e os interlocutores passem a falar sobre outro tema. Nos grupos de WhatsApp isso é ainda mais frequente, dado o maior número de interlocutores. Esse, no entanto, é um problema que atinge também a conversação face a face.

O Messenger

O Messenger, assim como o WhatsApp, é um aplicativo cuja finalidade é principalmente a transmissão de mensagens. A palavra *messenger* pode ser traduzida por *mensageiro*, ou seja, alguém que transporta uma mensagem entre pessoas, portanto, no esquema da comunicação de Jakobson representa o canal. Assim como no WhatsApp, também pode ser usado para troca de mensagens entre grupos de pessoas com interesses comuns.

O Messenger substitui com vantagens os chamados torpedos ou SMS, na medida em que para mandar e receber mensagens nada se paga, pois funciona com seu plano de dados. É muito usado como uma ferramenta do Facebook, já que permite que amigos troquem entre si mensagens sem que os demais tenham acesso a elas. As conversas privadas do Facebook costumam ser feitas pelo Messenger.

Não há regras que determinam como devem ser escritos os textos transmitidos por esse aplicativo. Em linhas gerais, devem obedecer às mesmas recomendações que fiz para os textos enviados via WhatsApp, ou seja, textos breves, em linguagem adequada em função da situação comunicativa.

Por fim, uma regra básica: a resposta a uma mensagem deve ser feita usando o mesmo suporte pela qual nos foi enviada. Se alguém lhe telefona e deixa um recado, espera que você entre em contato por telefone e não por carta. Um e-mail deve ser respondido por e-mail, um WhatsApp por WhatsApp, uma mensagem no Messenger por uma mensagem no Messenger, permitindo que os interlocutores tenham o registro de toda a conversa.

O blog

O blog, ao contrário do e-mail, do WhatsApp e do Messenger, configura-se um gênero textual. Veiculado pela internet, tem características muito diferentes daquelas outras formas de transmissão de mensagens. A principal delas é não ter um caráter explicitamente utilitário, permitindo a inserção de textos de natureza pessoal pelos quais o blogueiro expressa considerações sobre determinado assunto ou área de interesse.

A palavra *blog* resulta da junção de *web* (rede) + *log* (registro). Foi criada em 1997 pelo americano Jorn Barger para designar o ato de registrar enquanto se navega (na web). A origem da palavra já adianta o que é um blog. Trata-se do registro que alguém, o blogueiro, faz sobre algo e o veicula por meio de páginas na internet.

O blog é uma espécie de diário, com periodicidade flexível. Sua forma é relativamente livre e se centra num determinado tema. Há blogs sobre quase todos os assuntos: economia, literatura, culinária, música, política, cinema, saúde, humor, televisão etc., cabendo ao leitor seguir aqueles que veiculam assuntos de seu interesse.

Os textos dos blogs são chamados de *posts* e aparecem em ordem cronológica inversa. O primeiro que aparece na página é o último que foi postado. Embora cada blog tenha sua política relativamente a publicações, é comum admitirem que o leitor se manifeste por meio de comentários, em um espaço destinado para isso.

Trata-se de um gênero que se populariza cada vez mais, a ponto de ser usado não apenas por pessoas físicas, mas também por empresas e instituições como forma de interagir com seus clientes. A popularização pode ser explicada por vários fatores:

1. o crescimento do público com acesso à internet; com isso, mais pessoas vêm migrando de mídias tradicionais para a rede mundial de computadores;
2. a segmentação num determinado assunto. O leitor encontra no blog apenas *posts* relativos aos assuntos de seu interesse. Como na rede se encontra de tudo, seguir um blog funciona como um filtro que seleciona o que interessa;
3. a altíssima interatividade. Por meio de comentários, o leitor pode manifestar sua opinião e acompanhar o que pensam outros leitores. Um *post* de blog pode ser compartilhado com outros leitores por meio de redes sociais;
4. permitir o hipertexto. A leitura de um blog possibilita que se façam *links* para outros blogs ou sites, ou seja, o blog é um gênero que favorece a navegabilidade;
5. permitir acesso multimídia. Num blog que fala de cinema, pode-se postar um trecho de um filme; num que fala de música, reproduzir a música; num que fala de arte, reproduzir uma tela;
6. atualização muito rápida. Um *post* de um blog pode comentar hoje um filme que foi lançado ontem;
7. alguns blogs apresentam um visual bastante atrativo, com imagens que mudam, cores, animações.

O blog é um ótimo gênero não só para aumentar nosso conhecimento por meio da leitura, mas também para praticar a escrita, por isso considere a possibilidade de usá-lo para aprimorar a escrita, seja criando seu próprio blog, seja se manifestando por intermédio de comentários em blogs que você acompanha.

Criar um blog não é nada complicado. Há servidores que permitem que você hospede o blog gratuitamente, fornecendo inclusive modelos para sua criação. Você pode escrever os *posts* em seu horário livre, sobre o assunto de que gosta de falar. Tem ampla liberdade quanto à forma e à linguagem. Dependendo de seu público, pode até usar linguagem informal. Em síntese: o blog lhe dará a oportunidade não só de desenvolver sua capacidade de escrita, como também lhe permitirá aprofundar seus conhecimentos sobre o tema a que se dispuser escrever, porque, para escrever sobre algo, é necessário ter um bom conhecimento sobre o que se quer escrever. Além disso, fará com que o ato de escrever seja para você um hábito prazeroso. Por que não tentar?

Alguns conselhos práticos:

1. determine sua área de interesse: arte, esporte, computação, *games* etc.;
2. determinada a área de interesse, focalize num determinado tema. Como o blog está centrado em assuntos específicos, você terá de fazer um recorte. Por exemplo, na área de interesse arte, você terá de fazer escolhas: pintura, música, literatura. Veja que ainda assim essas escolhas são muito amplas, portanto restrinja mais ainda. Se você optou por literatura, por exemplo, vá fechando o campo (use adjetivos): literatura latino-americana, literatura infantil, literatura africana etc.;
3. pesquise sobre o assunto de que vai falar, procure ser um especialista no tema, busque informações novas e relevantes para transmitir a seus leitores;
4. os *posts* não devem ser excessivamente longos, textos curtos e objetivos são mais bem aceitos. Lembre-se de que a internet criou um novo tipo de leitor: o leitor apressado, aquele que não que ficar muito tempo numa mesma página;
5. incremente seu texto com imagens, vídeos e *links* para textos que complementem o conteúdo do seu *post*;
6. como em qualquer texto, use linguagem direta, objetiva. Atenha-se ao tema proposto. Busque a concisão, eliminando de seu texto tudo aquilo que for supérfluo;
7. por fim, faça uma revisão criteriosa em seu texto antes de publicá-lo. Você certamente não vai gostar que seu texto se espalhe e que seja compartilhado para outras pessoas com erros.

TEXTO COMENTADO

A ilustração anterior é reprodução de uma tela de um *smartphone* com uma conversa real via aplicativo WhatsApp. Nela, dois interlocutores conversam praticamente em tempo real. Na primeira fala, instala-se um *eu* que se dirige a um *tu*, Willian, os interlocutores da conversação. Como o aplicativo mostra o horário em que as mensagens são postadas, você pode perceber que há um *delay* entre as falas dos interlocutores.

Quando tratei da enunciação, falei que a instalação de um *eu*, o enunciador, cria um sistema de coordenadas espaçotemporais, um lugar e um tempo, que podem ou não coincidir com o lugar e o tempo da enunciação.

Ao tomar a palavra, o primeiro interlocutor instaura um tempo presente (já estou na aeronave, isto é, *agora*) e um lugar, que coincide com a enunciação, a aeronave (*aqui*). Além do tempo, é fundamental que se observe uma categoria verbal importante: o aspecto, que diz respeito ao modo como um observador vê o processo verbal, se acabado ou não, se está no início, no fim ou em sua duração. Note que os interlocutores fazem uso de locuções verbais: *vou sair, devo sair, acabei de estacionar, acabou de pousar, estou esperando, estou descendo.*

As locuções com o verbo auxiliar *acabar* têm aspecto incoativo, isto é, concebem o processo verbal em seu início; as que têm o verbo principal no gerúndio exprimem o processo verbal em sua duração, assim seu aspecto é durativo. Observe ainda que as locuções com o verbo *acabar* exprimem um processo já concluído, aspecto perfectivo; por outro lado, as que têm o verbo principal no gerúndio exprimem ação ainda não concluída, aspecto imperfectivo. Nas locuções verbais *vou sair* e *devo sair*, os verbos auxiliares, embora no presente, acrescentam ideia de futuro ao verbo principal. Nesse caso, usou-se o presente no lugar do futuro, porque este, por estar próximo, é tido como certo.

Quanto à estruturação das frases, o suporte obriga que sejam curtas e diretas, algumas delas sem o sinal de pontuação que indica o final da frase. A variedade de língua empregada demonstra que os interlocutores são pessoas que se conhecem e, por isso, se valem de um tratamento não cerimonioso.

FECHANDO O CAPÍTULO

Este capítulo pretendeu mostrar que, assim como a língua, as práticas de leitura e escrita alteram-se no tempo, por isso, pode-se falar que leitura e escrita têm uma história. Como há anterioridade da escrita em relação à leitura (só podemos ler algo que foi escrito anteriormente), alterações da escrita determinam mudanças na leitura.

As transformações no modo de escrever e ler estão relacionadas diretamente à tecnologia, entendida aqui como conjunto de princípios que se aplicam a um determinado ramo do conhecimento ou atividade e não apenas a técnicas modernas e complexas. Assim, pode-se afirmar que a passagem da escrita em rolo para o códice foi uma inovação tecnológica, o mesmo ocorrendo com a passagem do manuscrito para o impresso. Isso significa que a revolução tecnológica a que se assiste, com a internet, hipertexto, WhatsApp etc., é apenas mais uma e, com certeza, outras ainda virão. O importante é perceber que essas mudanças afetam o modo com que se dá a relação com os textos, seja na produção, seja na recepção. No entanto, é preciso observar que as formas tradicionais coexistem com as formas modernas de leitura e escrita, e que é preciso adequar a escrita não só em função da situação comunicativa, maior ou menor proximidade entre os interlocutores, mas também em função do suporte utilizado. Isso quer dizer que, se se pode no Messenger ou no WhatsApp usar *blz, aki, vc, qq6acham*, acompanhados de *emojis* como 😄😊😎, deve-se evitar o uso desses recursos em outros suportes, como num texto impresso ou manuscrito.

SUGESTÃO DE ATIVIDADE

A proposta de produção de texto para este capítulo é a redação de um e-mail. A finalidade é fazer uma reclamação à operadora de saúde à qual você está conveniado.

O motivo que o levou a reclamar é que o prestador de serviços não concedeu autorização para a realização de um exame solicitado por seu médico. Segundo dados que você levantou, por meio de leitura do contrato e de pesquisa junto à Agência Nacional de Saúde (ANS), ele não poderia recusar a realização desse procedimento.

Você deverá redigir um e-mail cujo tipo textual seja argumentativo, isto é, você defenderá um ponto de vista e tentará convencer o destinatário de seu direito, portanto deverá se valer de argumentos convincentes que o levem a alterar a decisão para uma que lhe seja favorável. Em síntese: seu texto deve se caracterizar por um *fazer-saber* (que a autorização foi negada e que você tem o direito de realizar o exame), por um *fazer-crer* (que a sua pretensão é justa) e, finalmente, por um *fazer-fazer* (que o destinatário autorize a realização do procedimento).

Em função do tema e do destinatário, a variedade da língua a ser usada será a culta, ou seja, você deve observar as regras gramaticais que dizem respeito à concordância, à regência, à ortografia etc.

Os e-mails criaram um novo tipo de leitor: aquele que espera textos objetivos e curtos. Portanto, seu texto deve-se restringir ao essencial. A sugestão é que ele não ultrapasse dez linhas; não se esqueça de abrir o e-mail com uma saudação formal e encerrá-lo com uma despedida.

SUGESTÕES DE LEITURAS

CHARTIER, Roger. *A aventura do livro*: do leitor ao navegador. São Paulo: Editora da Unesp, 1998.
Roger Chartier é referência quando se fala em história do livro e da leitura. O autor, num texto de leitura agradável, abrindo mão de tecnicismos, mostra como a mudança de suportes altera a relação entre leitor e texto.

ECO, Umberto. *Muito além da internet*. Dez. 2003. Disponível em <https://ofaj.com.br/textos_conteudo.php?cod=16>. Acesso em: 7 maio 2017.
Trata-se de uma conferência proferida por Umberto Eco na biblioteca de Alexandria. O autor mostra que as novas tecnologias não provocarão o desaparecimento do livro em papel.

FISCHER, Steven Roger. *História da leitura*. São Paulo: Editora da Unesp, 2006.
Fischer investiga com riqueza de detalhes as transformações ocorridas na forma de o homem se relacionar com os textos.

LAJOLO, Marisa; ZILBERMAN, Regina. *Das tábuas da lei à tela do computador*: a leitura em seus discursos. São Paulo: Ática, 2009.
As autoras percorrem a história da leitura e suas mutações.

TERRA, Ernani. Novas tecnologias, novos suportes. In: *A produção literária e a formação de leitores em tempos de tecnologia digital*. Curitiba: InterSaberes, 2015, pp. 14-44.
Neste capítulo, o autor, a partir de uma breve história da leitura, enfatiza as mudanças de suporte dos textos, detendo-se particularmente no que vem ocorrendo com a produção literária em tempos de tecnologia digital.

Considerações finais

Ao longo deste livro, objetivei fornecer subsídios teóricos a fim de ampliar as habilidades de leitura e de produção de texto. Não se escreve apenas com palavras, tampouco se lê apenas com os olhos, pois leitura e escrita são atividades cognitivas. Para ler e escrever com proficiência não basta ter competência linguística, como muitos supõem. O conhecimento linguístico é condição necessária, mas não suficiente para a produção e leitura de textos, já que essas atividades pressupõem também uma competência discursiva. Os textos que se leem e se escrevem não são um amontoado de frases, pois o sentido está além da soma das frases que os constituem, já que estas mantêm entre si relações de referência e de encadeamento. Competência discursiva significa não só ter a capacidade de usar a linguagem para produzir sentidos e fazê-los chegar ao leitor, mas também construir sentidos para os textos que se leem. Afinal, a comunicação não é feita por palavras ou frases, mas por meio de textos, que manifestam usos concretos e efetivos da língua.

Destaquei que o texto resulta de um processo de discursivização, operação pela qual a língua, um sistema abstrato, se concretiza por meio da fala ou discurso. A competência linguística diz respeito ao sistema da língua, a competência discursiva refere-se ao uso que se faz desse sistema, é de natureza pragmática, portanto. O sistema é um *thesaurus* a que recorremos para colocar a língua em funcionamento, seja em atividades de leitura ou de produção de textos.

Um livro que pretende tratar de leitura e escrita não pode deixar de lado esse caráter pragmático. O que interessa a quem quer desenvolver as habilidades de leitura e de escrita é saber como fazê-lo. Trabalhar com leitura e escrita exige que se contemplem os dois aspectos da linguagem humana: o social e o individual. Em razão disso, dediquei algumas palavras aos estudos da enunciação, pois é por meio dela que o sujeito converte as estruturas abstratas em textos concretos, únicos e irrepetíveis. Ressalto que é pela enunciação que se instaura um sujeito no enunciado, ou seja, em todo enunciado há um *eu* que fala, mesmo que as marcas linguísticas desse sujeito falante estejam apagadas. Chamei sua atenção para o fato de que, ao dizer *eu*, o enunciador constitui um *tu*, ou seja, o discurso é caracterizado pelo dialogismo. Mais: a instalação de um *eu* instala também um tempo e um lugar, que podem ser ou não coincidentes com o momento da enunciação. Isso significa que o sujeito que fala, o tempo em que fala, o lugar de onde fala são construções discursivas, portanto os sentidos são construídos *no* e *pelo* discurso.

Mostrei uma contradição: ao mesmo tempo que o discurso é um ato individual, é também social e histórico. Nenhum discurso é original, já que todos eles se apoiam num já dito, com o qual mantêm relação de concordância ou de polêmica. A isso dá-se o nome de dialogismo em sentido amplo, porque se trata de um diálogo entre discursos e não entre sujeitos.

Esses conceitos são fundamentais para quem quer desenvolver a habilidade de produtor e leitor de textos, pois em qualquer texto haverá sempre a presença de outras vozes. Construir o sentido do que se lê pressupõe identificá-las. Produzir um texto "novo" significa inseri-lo na cadeia do discurso com a qual o texto dialoga. Ao escrever, você sempre estará se apoiando no discurso do outro.

Ler muito é fundamental para quem quer produzir bons textos. Mas o que ler? Somos bombardeados por textos o tempo todo. Na rua, faixas, cartazes, outdoors; no trabalho, relatórios, memorandos, cartas; em casa, jornais, revistas, livros; na faculdade ou na escola, livros, resenhas, artigos. E o tempo todo, onde quer que se esteja, a internet está conosco. Na espera de uma consulta médica, no transporte coletivo, no intervalo do café, as pessoas estão de olho na telinha, lendo notícias, blogs, mensagens. Mas as pessoas não ficam na internet apenas lendo, também produzem textos, respondendo e-mails, mensagens no WhatsApp, tuitando, postando nas redes sociais etc.

A oferta de leitura é tal que, mesmo que se fique 24 horas por dia lendo, não se consegue dar conta nem de pequena parcela dos textos que chegam. O que se deve fazer então? Uma seleção, ler o que interessa, o que pode ser útil, o que aumenta nosso conhecimento e até mesmo o que se é obrigado a ler. Enfim, a leitura nos dias de hoje é marcada pelo pragmatismo, sobrando pouco tempo para a leitura de fruição.

Pensando nisso, ao produzir este livro, optei por trabalhar com o discurso literário. Além do que a literatura pode ser considerada um tipo de escrita modelar. Ela é um excelente parâmetro para a produção de textos de quaisquer gêneros, tipos e temas; além disso, permite entrar em contato com uma variedade de temas, de estilos, de gêneros. O escritor peruano Mario Vargas Llosa dá o seguinte conselho àqueles que pretendem escrever: "Leia muitíssimo, porque é impossível ter uma linguagem rica e desenvolta sem ler um bocado de boa literatura".

Neste livro chamei a atenção para o fato de que a leitura de poemas ensina, entre outras coisas, como trabalhar o plano da expressão, como fazer para que as ideias se manifestem de forma original, criativa. A leitura de contos ensina como produzir narrativas. Com a crônica, aprende-se uma das regras básicas da boa escrita, a concisão. O romance pode ser chamado o grande mestre. Com ele aprende-se a organizar a temporalidade do texto, a delegar vozes, a construir personagens.

Este livro apresentou os primeiros passos, indicando as fontes onde beber e o que se pode explorar em cada uma delas. Ao lê-lo, você deu o passo inicial. Agora é caminhar pelas próprias pernas. O caminho é longo e só se aprende percorrendo-o. Boa caminhada.

Glossário

Aliteração: figura de retórica que consiste na aproximação de palavras que apresentam mesmos fonemas consonantais. Caso os fonemas sejam de natureza vocálica, a figura recebe o nome de assonância.

Anacronia: alteração na ordem cronológica da história.

Anafórico: expressão linguística por meio da qual se retoma algo dito anteriormente na cadeia do discurso. A função do anafórico é "lembrar".

Clareza: propriedade dos textos que os tornam inteligíveis. Um texto claro é um texto fácil de ser compreendido. Coerência e coesão são fatores que contribuem para a clareza do texto.

Coerência: um dos fatores que conferem sentido aos textos. Resulta da reiteração dos temas e da recorrência de figuras ao longo do texto.

Coesão: procedimento pelo qual se amarram as ideias de um texto. A coesão pode decorrer de aspectos gramaticais ou lexicais. A substituição de uma palavra por meio de pronome é um exemplo de coesão gramatical. No caso de a palavra ser substituída por um sinônimo, temos coesão lexical.

Concisão: propriedade dos textos que consiste na brevidade, no uso do número estritamente necessário de palavras para exprimir uma ideia. Ser conciso é ir direto ao assunto, sem ficar dando voltas, é não ficar "enchendo linguiça". Concisão se opõe à prolixidade, que é um defeito.

Destinatário: elemento da situação comunicativa a quem é destinado o texto. Do ponto de vista gramatical, corresponde à 2ª pessoa do discurso, aquele com quem falamos. São várias as formas de se referir num texto ao destinatário, desde os informais *tu* e *você*, passando pelos mais formais, como *senhor* e *senhora*, chegando até os cerimoniosos, como *Vossa Excelência*. Ver *Enunciatário*.

Dialogismo: forma de heterogeneidade não mostrada no texto, ou seja, o discurso do outro não é identificável dentro do texto. É o mesmo que heterogeneidade constitutiva. Ver *Heterogeneidade*.

Diegese: em uma narrativa, a história propriamente dita; o mesmo que *fábula*.

Enredo: maneira como a diegese é organizada por um narrador, a forma pela qual o leitor toma contato com a história narrada; o mesmo que *trama*.

156 Da leitura literária à produção de textos

Enunciação: o ato de dizer. Processo pelo qual os falantes se apropriam da língua e a convertem em atos de fala, os enunciados. A enunciação é responsável pela discursivização. É sempre pressuposta pela existência do enunciado.

Enunciador: aquele que diz algo, aquele que toma a palavra e a dirige a um outro, o enunciatário. Gramaticalmente, corresponde à 1ª pessoa do discurso (*eu*).

Enunciatário: aquele a quem o enunciador se dirige, portanto corresponde à 2ª pessoa (*tu/você*). O mesmo que *destinatário*.

Fábula: Ver *Diegese*.

Figuras: palavras concretas (substantivos, adjetivos, verbos) usadas para dar concretude ao texto. As figuras dão sensorialidade aos textos, pois remetem aos órgãos do sentido. Os textos em que predominam as figuras são chamados de figurativos. Ver *Temas*.

Foco narrativo: perspectiva do narrador em face daquilo que narra, isto é, o que é capaz de narrar levando-se em conta o que vê qualitativa e quantitativamente.

Heterogeneidade: propriedade do discurso que revela que não há discurso homogêneo, pois todo discurso se constitui a partir de outro. Nesse sentido é o mesmo que polifonia. A heterogeneidade pode ser constitutiva quando a voz do outro não é localizável dentro do texto. Nesse caso, é chamada de dialogismo. No caso em que a voz do outro é localizável, temos heterogeneidade mostrada. Ver *Dialogismo*.

Hipertexto: documento digital, não sequencial, não linear e não hierarquizado que se subdivide.

Interdiscursividade: presença do discurso de um no discurso de outro. Não há discurso homogêneo, pois todo discurso é atravessado por outro com o qual estabelece relação de concordância ou de polêmica. Como todo discurso traz em si a presença do outro, ele se caracterizará por ser a reunião de diferentes vozes, que podem estar mostradas ou não no texto. Ver *Dialogismo*, *Heterogeneidade* e *Polifonia*.

Intertextualidade: propriedade dos textos de fazer referência explícita ou implícita a outros textos. Ver *Interdiscursividade*.

Link: nó ou elo que possibilita ao navegador ir de um texto a outro.

Narrador: aquele que narra os acontecimentos. Pode estar presente no texto como personagem (nessa situação, a narração é em 1ª pessoa) ou narrar a partir de uma visão de fora (nesse caso, não é personagem do texto e tem-se uma narração em 3ª pessoa).

Narratividade: sucessão de mudanças de estado de sujeitos por ação de outros sujeitos.

Polifonia: presença de vozes diferentes num mesmo texto. As vozes podem estar explicitadas ou não no texto.

Tema: o mesmo que assunto; aquilo de que trata o texto.

Temas: palavras abstratas, portanto de ordem conceitual. A predominância de temas num texto configura os textos temáticos. Ver *Figuras*.

Texto: um todo de sentido resultante da superposição de dois planos, a expressão e o conteúdo, e objeto de comunicação entre sujeitos. Dependendo da natureza do plano da expressão, pode ser verbal, não verbal ou sincrético.

Trama: Ver *Enredo*.

Verbo de elocução: verbo que serve para introduzir fala de outrem, como *dizer*, *falar*, *perguntar*, *responder* etc.

Bibliografia

ALMEIDA, Júlia Lopes de. A caolha. In: MORICONI, I. (Org.). *Os cem melhores contos brasileiros do século*. Rio de Janeiro: Objetiva, 2001, pp. 49-54.

ANDRADE, Carlos Drummond de. No meio do caminho. In: *Poesia completa e prosa*. Rio de Janeiro: José Aguilar, 1973.

_____. *Boca do luar*. Rio de Janeiro: Record, 2009.

ANJOS, Augusto dos. *Eu*. 31. ed. Rio de Janeiro: Livraria São José, 1971.

ANJOS, Cyro dos. *O amanuense Belmiro*. 8. ed. Rio de Janeiro: José Olympio, 1975.

ANTUNES, Irandé. *Lutar com palavras*: coesão e coerência. São Paulo: Parábola Editorial, 2005.

ATWOOD, Margaret. *O conto da aia*. Rio de Janeiro: Rocco: 2017.

AZEVEDO, Aluíso. *O cortiço*. Disponível em: <http://www.dominiopublico.gov.br/download/texto/bn000003.pdf>. Acesso em: 10 maio 2017 [1. ed. 1890].

AZEVEDO, Estêvão. *Tempo de espalhar pedras*. São Paulo: Cosac Naify, 2014.

BARRETO, Lima. A nova Califórnia. In: MORICONI, I. (Org.). *Os cem melhores contos brasileiros do século*. Rio de Janeiro: Objetiva, 2001, pp. 34-42.

_____. *Triste fim de Policarpo Quaresma*. São Paulo: Penguin, 2011.

_____. As enchentes. [1. ed. 1915]. Disponível em: <http://www.dominiopublico.gov.br/download/texto/bi000173.pdf>. Acesso em: 5 abr. 2018.

BARROS, Diana Luz Pessoa de. *Teoria semiótica do texto*. São Paulo: Ática, 2003.

_____. (Org.). *Preconceito e intolerância*: reflexões linguístico-discursivas. São Paulo: Universidade Presbiteriana Mackenzie, 2011.

_____. "Dominação, trapaça e conhecimento pela linguagem". *Revista da Abralin*. v. 14, n. 2, jul./dez. 2015.

BLIKSTEIN, Izidoro. Comunicação e significado nas organizações: semiótica do poder e do controle social na organização administrativa nazista. In: MARCHIORI, Marlene (Org.). *Linguagem e discurso*. São Caetano do Sul/Rio de Janeiro: Difusão Editora/Editora Senac Rio de Janeiro, 2014, pp. 149-50.

BOTTINI, Ettore. *Uns contos*. São Paulo: Cosac Naify, 2013.

BRASIL. Ministério da Educação. Secretaria de Educação Média e Tecnológica. *Parâmetros Curriculares Nacionais*: Ensino Médio. Parte II – Linguagens, Códigos e suas Tecnologias. Brasília, 2000.

CARDOSO, Lúcio. *Crônica da casa assassinada*. 13. ed. Rio de Janeiro: Civilização Brasileira, 2013.

CARRASCOZA, João Anzanello. *Aos 7 e aos 40*. São Paulo: Cosac Naify, 2013.

CAVALLO, Guglielmo; CHARTIER, Roger (Orgs.). *História da leitura no mundo ocidental*. v. 1. São Paulo: Ática, 2002.

CHIZIANE, P. *Niketche*: uma história de poligamia. São Paulo: Companhia da Letras, 2004.

COUTO, Mia. *Terra sonâmbula*. São Paulo: Companhia das Letras, 2007.

CRUZ e SOUSA, João da. *Cruz e Sousa*: obra completa. Rio de Janeiro: Aguilar, 1961.

CUNHA, Euclydes. *Os sertões*. campanha de Canudos. 39. ed. Rio de Janeiro: Livraria Francisco Alves/Publifolha, 2000. (Grandes nomes do Pensamento brasileiro) [1. ed. 1902].

DICKENS, Charles. *Um conto de duas cidades*. 2. ed. São Paulo: Estação Liberdade, 2010.

ELIAS, Vanda Maria Silva. "Hipertexto, leitura e sentido". *Calidoscópio*, v. 3, n. 1, jan./abr. 2005, pp. 13-9.

FERREIRA, Luiz Antonio. *Leitura e persuasão*: princípios de análise retórica. São Paulo: Contexto, 2010.

FIORIN, José Luiz. Identidades e diferenças na construção dos novos espaços e atores do Novo Mundo. In: BARROS, Diana Luz Pessoa de (Org.). *Os discursos do descobrimento*: 500 e mais anos de discurso. São Paulo: Edusp/Fapesp, 2000.

_____. *As astúcias da enunciação*: as categorias de pessoa, espaço e tempo. 2. ed. São Paulo: Ática, 2001.

_____. Polifonia textual e discursiva. In: BARROS, Diana Luz Pessoa de; FIORIN, José Luiz (Orgs.). *Dialogismo, polifonia, intertextualidade*: em torno de Bakhtin. 2. ed. São Paulo: Edusp, 2011, pp. 29-36.

_____. *Figuras de retórica*. São Paulo: Contexto, 2014.

GARCIA, Othon M. *Comunicação em prosa moderna*. 7. ed. Rio de Janeiro: Editora da FGV, 1978.

GUIMARÃES, Elisa. *Texto, discurso e ensino*. São Paulo: Contexto, 2013.

IBSEN, Henrik. *Casa de bonecas*. São Paulo: Nova Cultural, 2003.

JAKOBSON, Roman. Linguística e poética. In: *Linguística e comunicação*. São Paulo: Cultrix, 1971, pp. 118-62.

KAFKA, Franz. *A metamorfose*. Trad. Modesto Carone. São Paulo: Companhia das Letras, 2006.

158 Da leitura literária à produção de textos

KAYSER, Wolfgang. *Análise e interpretação da obra literária*: introdução à ciência da literatura. 4. ed. Coimbra: Armênio Amado, 1968.

KFOURY, Juca. "Não chore, Marin!". *Folha de S.Paulo*, 18 abr. 2013. Disponível em: <http://www1.folha.uol.com. br/colunas/jucakfouri/2013/04/1264417-nao-chore-marin.shtml>. Acesso em: mar. 2018.

KOCH, Ingedore Grunfeld Villaça. *Desvendando os segredos do texto*. 4. ed. São Paulo: Cortez, 2005.

_____; ELIAS, Vanda Maria. *Ler e escrever*: estratégias de produção textual. São Paulo: Contexto, 2009.

KRISTEVA, Julia. *Introdução à semanálise*. São Paulo: Perspectiva, 1974.

LEÃO, Lucia. *O labirinto da hipermídia*: arquitetura e navegação no ciberespaço. 3. ed. São Paulo: Iluminuras, 2005.

LISPECTOR, Clarice. A fuga. In: *Todos os contos*. Rio de Janeiro: Rocco, 2016a.

_____. Uma galinha. In: *Todos os contos*. Rio de Janeiro: Rocco, 2016b.

MACHADO, Aníbal. O telegrama de Ataxerxes. In: *A morte da porta-estandarte, Tati a garota e outras histórias*. 18. ed. Rio de Janeiro: José Olympio, 2010.

MACHADO DE ASSIS, Joaquim M. Missa do galo. Disponível em: <http://www. dominiopublico.gov.br/download/ texto/bv000223.pdf>. Acesso em: 5 jan. 2017.

_____. *Machado de Assis*. v. 3. Rio de Janeiro: Companhia José Aguilar, 1973.

_____. Quincas Borba. In: *Machado de Assis*: obra completa. v. 1. Rio de Janeiro: Aguilar, 1979a.

_____. Memórias póstumas de Brás Cubas. In: *Machado de Assis*: obra completa. v. 1. Rio de Janeiro: Aguilar, 1979b.

MAINGUENEAU, Dominique. *Discurso literário*. São Paulo: Contexto, 2006.

MÁRQUEZ, Gabriel García. *Cem anos de solidão*. 41. ed. Trad. Eliane Zagury. Rio de Janeiro: Record, 1995.

MAUTNER, Thomas (Dir.). *Dicionário de filosofia*. Lisboa, Portugal: Edições 70, 2011.

MELO NETO, João Cabral de. Catar feijão. A educação pela pedra. In: OLIVEIRA, Mario de (Org.). *João Cabral de Melo Neto*: obra completa. Rio de Janeiro: Nova Aguilar, 1998, pp. 346-7.

MELO, Patrícia. *Acqua toffana*. Rio de Janeiro: Rocco, 2009.

MELVILLE, Herman. *Moby Dick*. Trad. Irene Hirsch e Alexandre Barbosa de Souza. São Paulo: Cosac Naify, 2008.

MUSIL, Robert. *O homem sem qualidades*. Rio de Janeiro: Nova Fronteira, 2006.

NABOKOV, Vladimir. *Lolita*. Trad. Jorio Dauster. Rio de Janeiro: O Globo; São Paulo: Folha de São Paulo, 2003.

NASSAR, Raduan. Lavoura arcaica. In: *Obra completa*. São Paulo: Companhia das Letras, 2016.

PEPETELA. *Mayombe*. São Paulo: LeYa, 2013.

PESSOA, Fernando. *Fernando Pessoa*: obra poética em um volume. Rio de Janeiro: Aguilar, 1972.

PINKER, Steven. *Guia de escrita*: como conceber um texto com clareza, precisão e elegância. São Paulo: Contexto, 2016.

POSSENTI, Sírio. Imaginário sobre as línguas com fonte de humor. In: BARROS, Diana Luz Pessoa de (Org.) *Preconceito e intolerância*: reflexões linguístico-discursivas. São Paulo: Universidade Presbiteriana Mackenzie, 2011.

PRATA, Antonio. "Poesia, atualizações". *Folha de S.Paulo*, 7 maio 2017. Disponível em: <http://www1.folha.UOL. com.br/colunas/antonioprata/2017/05/1881773-poesia-atualizacoes.shtml>. Acesso em: 9 maio 2017.

RAMOS, Graciliano. *Memórias do cárcere*. 45. ed. Rio de Janeiro: Record, 2011.

RIBEIRO, João Ubaldo. *Viva o povo brasileiro*. 5. ed. Rio de Janeiro: Objetiva, 2011.

RIO, João do. Dentro da noite. In: MORICONI, I. (Org.). *Os cem maiores contos brasileiros do século*. Rio de Janeiro, 2001.

ROSA, Guimarães. O burrinho pedrês. In: *Ficção completa*. v. 1. Rio de Janeiro: Nova Aguilar, 1995a.

_____. Desenredo. *Ficção completa*. v. 2. Rio de Janeiro: Nova Aguilar, 1995b.

RUFFATO, Luiz. *Eles eram muitos cavalos*. 11. ed. São Paulo: Companhia das Letras, 2013.

SALINGER, J. D. *O apanhador no campo de centeio*. 14. ed. Trad. Álvaro Alencar, Antônio Rocha, Jorio Dauster. Rio de Janeiro: Editora do Autor, s/d.

STEEN, Edla Van. Intimidade. In: MORICONI, Italo. *Os cem melhores contos brasileiros do século*. Rio de Janeiro: Objetiva, 2001, pp. 447-50.

STRUNK JR., William. The Elements of Style. In: *Manual de Redação*: Folha de S. Paulo. 21. ed. São Paulo: Publifolha, 2018.

TERRA, Ernani. *A produção literária e a formação de leitores em tempos de tecnologia digital*. Curitiba: InterSaberes, 2015.

_____. *Leitura do texto literário*. São Paulo: Contexto, 2014.

TORERO, José Roberto. Das duas, uma. In: *Os cabeças-de-bagre também merecem o paraíso*. Rio de Janeiro: Objetiva, 2001.

TOSLTOI, Liev. *Ana Kariênina*. Trad. Rubens Figueiredo. São Paulo: Cosac Naify, 2005.

TREVISAN, Dalton. Uma vela para Dario. In: MORICONI, I. (Org.). *Os cem melhores contos brasileiros do século*. Rio de Janeiro: Objetiva, 2001.

VAN STEEN, Edla. Intimidade. In: MORICONI, I. (Org.). *Os cem melhores contos brasileiros do século*. Rio de Janeiro: Objetiva, 2001.

VARGAS LLOSA, Mario. *A guerra do fim do mundo*. 8. ed. São Paulo: Francisco Alves, 1982.

VIEIRA, Antônio. Sermão do mandato. In: *Padre Antônio Vieira essencial*. São Paulo: Companhia das Letras, 2011.

O autor

Ernani Terra é doutor em Língua Portuguesa pela PUC-SP, onde defendeu tese sobre leituras de professores. Desenvolve pesquisas sobre leitura do texto literário e sobre estudos de linguagem para ensino de Português. Exerce o magistério desde 1974, lecionando nos ensinos fundamental, médio e superior as disciplinas Língua Portuguesa, Literaturas de Língua Portuguesa, Práticas de Leitura e Escrita e Metodologia do Trabalho Científico. É autor de obras didáticas, paradidáticas e artigos acadêmicos nas áreas de Língua Portuguesa, Literatura e Leitura e Produção de Textos. É coautor do livro *Ensino de língua portuguesa: oralidade, escrita e leitura* e autor de *Leitura do texto literário*, ambos publicados pela Editora Contexto.